LES

MÉMOIRES DE MON ONCLE

512. — ABBEVILLE. — TYP. ET STÉR. GUSTAVE RETAUX.

LES
MÉMOIRES DE MON ONCLE

(1787 — 1794)

UN PAYSAN DE L'ANCIEN RÉGIME

—

UN BACHELIER DE SORBONNE

PAR

Charles D'HÉRICAULT

—

TROISIÈME ÉDITION

PARIS

LIBRAIRIE ACADÉMIQUE

DIDIER ET Cie**, LIBRAIRES-ÉDITEURS**

35, QUAI DES AUGUSTINS, 35

—

1878

À M. LE MARQUIS PHILIPPE DE CHENNEVIÈRES

C'est à vous, ami Jean de Falaise, cher et charmant conteur, que je dédie ce récit.

Vous avez abandonné les Belles-Lettres, ingrat que vous êtes ! Mais nous gardons le souvenir de ces vifs récits où vous nous parliez de votre province normande.

Vous n'écriviez pas pour ceux qui croient que la société française s'agite tout entière sur le boulevard des Italiens. Ce n'est pas à eux non plus que je m'adresse, mais à ces honnêtes gens qui n'aiment pas les Filles de Feu, à ceux qui veulent nourrir et orner leur esprit tout en l'intéressant.

1

Vous le voyez, je ne cherche pas à tromper les gens. Mais je suis trop de mon temps pour ne pas donner ma note dans ce concert de grosse caisse qui est la musique classique du dix-neuvième siècle.

J'annonce donc très-hautement que je vais dire des choses absolument nouvelles sur les mœurs, usages et habitudes de la province française à la fin du siècle dernier.

Les gens légers, enfiévrés, les gens endormis ou ruinés peuvent s'éloigner. *Recedant* ! Je ne parle pas à eux. Mais ceux qui aiment les *repues franches* de la Chronique, je dis toujours de la Chronique non scandaleuse, ceux-là peuvent me suivre. Je veux essayer de leur expliquer ce qui se passait en l'an 1787 dans la paroisse de Zotinghem, au diocèse de Boulogne, et de leur montrer ce qui arriva dans la commune de Questrecques, district de Boulogne-sur-Mer, en l'an II de la République.

Il s'agit de l'Ancien Régime, puis de la Révolution, deux périodes dont on a entendu parler, dont tout le monde parle, mais qui sont plus inconnues que le siècle d'Auguste.

Mon arrière-grand-oncle, Claude-François Ricault de Lignières, curé décimateur de Zotinghem dès l'an 1761, a laissé un sermon, un seul, mais fort célébré dans ma famille. Je découvris ce sermon au milieu d'une foule de notes écrites de la main de cet oncle et pleines de renseignements précis sur la vie d'un curé de village au siècle dernier.

Je me rappelai l'impossibilité où, après avoir remué des centaines de volumes, je m'étais vu de rassembler de tels renseignements. Je ne voulus pas les garder pour moi seul.

L'état dans lequel je trouvai ces notes

m'a empêché de les publier dans leur texte intégral ; les abréviations, les répétitions, les énigmes, les allusions, les détails de famille, les minuties qui y abondent en eussent rendu la lecture impossible. J'ai donc parfois résumé et traduit ces détails sur la vie bourgeoise et villageoise de la province française aux deux dates importantes de la fin du dix-huitième siècle.

LES
MÉMOIRES DE MON ONCLE

CHAPITRE PREMIER

UN VILLAGE EN 1787.

I

« Au nom du Père, du Fils, du Saint-Esprit. J'écris ces lignes le propre lendemain d'un jour solemnel de l'an 1781, auquel jour Mgr François-Joseph-Gaston de Partz de Pressy, notre évêque de Boulogne, daigna m'adresser la parole ; et l'Esprit malin, qui rôde toujours autour de notre âme comme un lyon rugissant, se servit des propres lèvres de notre vénérable Évêque pour me tenter d'ambition et me faire entrevoir tous les royaumes de la terre.

« Ces dites lignes furent écrites au moment où, rentrant à six heures du soir dans mon aimable cure de Zotinghem, bien fatigué, et en ayant rendu grâces à Notre-Seigneur, je me rafraîchis d'une croûte de pâté en attendant mon souper, et je fis remarquer à dame Javotte, mon excellente gouvernante, qui montroit quelque surprise de mon appétit à une telle heure, que *quandóque bonus dormitat Homerus,* c'est-à-dire (*exceptis excipiendis*), la régularité elle-même demande à se délasser dans l'irrégularité. Je lui parlai ainsi, ayant de longtemps observé que le seul moyen d'imposer silence à Javotte est de lui parler latin, ce qui est un effet singulier, que les plus émérites professeurs d'humanités n'avoient point encore signalé et à propos duquel M. le supérieur du collége de l'Oratoire de Boulogne, homme très-savant, avec lequel j'entretiens des relations d'honnêteté à titre d'ancien élève, n'a sçu me donner aucune explication.

« Quoi qu'il en soit, après m'être recueilli devant Notre-Seigneur, et l'ayant remercié de m'avoir rendu sain et sauf dans ma maison curiale, de m'avoir fait échapper aux périls de route — car il n'y a pas moins de cinq lieues de poste entre ci et Boulogne-sur-Mer, et l'on signale plusieurs grosses ornières, un gué et une descente rapide dont Dieu garde les pauvres voyageurs comme il m'a gardé ! — je me suis, ainsi qu'il convient à un homme prudent, remémoré les événemens.

« Samedy dernier, au moment même où je faisois, après mon dîner, à une heure de relevée, ma promenade habituelle dans mon bosquet, je vis venir à moi un homme que je reconnus de suite, à ses vêtemens et à ses grandes bottes, pour un bourgeois de la ville en voyage.

« C'étoit, en effet, l'un des *Égards*, peut-être le prévôt lui—même, de la corporation des tonneliers de Boulogne, qui s'en alloit à cheval en Ponthieu pour recueillir un héritage du chef de sa femme. Il étoit le parent du sieur Duriez La Foirez Saint-Amour, négociant boulonnois, lequel me fait venir chaque année, de Rotterdam, de l'excellent *genèvre* et, d'Olleron, du vin blanc d'Entre-deux-Mers, et auquel je suis fort redevable pour la politesse qu'il me fait de m'offrir au commencement de chaque carême une grande quantité de très-gros harengs saurs. Le bruit s'étoit répandu dans Boulogne que le maître tonnelier devoit passer par Zotinghem en se rendant en Ponthieu. M. l'abbé Coquatrix, qui veut bien m'honorer de son amitié, lui avoit remis une missive pour moi, par laquelle, s'excusant bien poliment d'avoir été retardé dans ses volontés, il me notifioit qu'il devoit être reçu chanoine en la cathédrale de Boulogne, le mercredy en suivant, et me prioit d'assister à sa réception ainsi qu'à *l'interrogat providentiel* qui devoit, selon les vieux usages cathédraux, avoir lieu à la fin de la cérémonie.

« Comme les deux gros chevaux qui me servent à rentrer mes dixmes sont *impares tanto labori,* et que ces dernières mauvaises années m'ont empêché de remplacer ma jument-monture et les essieux de ma cariole, je fus obligé d'avoir recours à mes voisins. Je refusai, pour des raisons qu'il est inutile de dire ici, les équipages de M. le chevalier du Bois-du-Quenne et de la bonne madame du Hameau ; j'acceptai une vieille chaise que l'intendant de M.le marquis laisse pourrir sous les remises ; j'envoyai quérir deux chevaux chez mon ami M. Mailly, receveur de Mgr le prince de Tingry, et je me fis conduire par mon brave Pierre, prudent comme il convient à un ancien sergent des grenadiers royaux.

« Nous partîmes le mardy de grand matin.Nous mîmes huit heures à faire les cinq lieues qui séparent Zotinghem de Boulogne-sur-Mer. Quand nous entrâmes dans la ville par la porte Royale, la perruque-rhabillée dont j'avois couvert la tête chauve de Pierre étoit tournée de façon à prêter à rire aux commis-aux-exercices de l'octroi. La mienne, j'entends ma perruque, étoit assez bien conservée, mais j'étois bien dépoudré. M. Siriez de Bergues, mon parent, à qui je demandai l'hospitalité, ne m'en reçut pas moins avec son obligeance habituelle. J'eus à peine le temps de me faire écrire chez MM. Chatigny de La Luzellerie et Carmier de Préville, que nous avons l'honneur de compter dans notre parenté, et d'aller présenter mes respectueux hommages à MM. Voullonne, Roussel de Préville et de Val de Fresne, tous trois chanoines, qui veullent bien honorer de leur bienveillance un petit décimateur de campagne.

« Je me rendis le lendemain de bonne heure à la cérémonie qui est toujours fort recherchée à cause de cet interrogat providentiel dont je parlois. Le diocèse de Boulogne est, en effet, le seul, avec ceux de Saint-Omer et d'Ypres, où cet usage existe, qui est bien fait pour piquer la curiosité ou la malignité.

« On sait que lors de la réception d'un chanoine de la cathédrale boulonnoise, après l'aspersion et le baiser de paix, le récipiendaire ouvre le livre des pseaumes et lit les premières paroles qui lui tombent sous les yeux, lesquelles sont écrittes, pour conserver la mémoire de sa réception. Cette partie de la cérémonie ne se passoit pas toujours avec la gravité requise. L'on se souvient encore du grand sourire qui eut lieu en 1765 lorsque M. l'abbé Baussart, qui étoit un petit homme

très-fier et très-difforme, tomba sur le verset 6e du pseaume XXI : « Pour moi je suis un
ver de terre et non un homme, » et l'on n'ou-
bliera jamais comment, en 1777, M. l'abbé
Giblot du Bréau se vengea doucement des difficultés que les autres chanoines avoient soulevées
contre sa nomination. De ce même pseaume XXI
le sort lui offrit le verset 12, et il le lut en s'in-
clinant devant les plus jeunes et les plus gros des
membres du chapitre de la cathédrale : « J'ai été
« environné par un grand nombre de jeunes
« bœufs et assiégé par des taureaux gras. »

« Mais alors, ô mon Dieu Seigneur, vous parois-
siez vouloir sourire à vos enfans; maintenant le
siècle est plein de vos menaces ; tout annonce que
vous êtes fatigué des insultes que les hommes
impies vous prodiguent et que vous allez nous
frapper. Trois fois déjà vous aviez parlé sévèrement dans ce sanctuaire où l'on vénère avec une
telle piété la statue miraculeuse de votre sainte
Mère ! La première fois, en 1778, lorsque
M. l'abbé Flament fut reçu, vous aviez dit avec
le pseaume : « Pourquoi les nations se sont-elles
« soulevées et les peuples ont-ils formé de vains
« projets ? » L'année suivante, quand on reçut M. l'abbé Ratier, vous vous êtes écrié :
« Le Seigneur leur parlera dans sa colère et

« les remplira de trouble. » En 1780, lorsque M. l'abbé Tribou fut nommé, vous avez encore parlé de votre colère :. « Vous les gouvernerez « avec une verge de fer et les briserez comme le « vaisseau du potier. »

« En ce moment, je veux dire à cette réception de M. l'abbé Coquatrix, nous étions vraiment inquiets, et l'émotion fut à son comble quand le nouveau chanoine, après avoir donné le baiser de paix, ouvrit le livre et lut : « Lorsque dans peu « sa colère se sera embrasée, heureux tous ceux « qui mettent en lui leur confiance. » Nous tremblâmes tous, et il nous parut que nous revenions à ce temps rempli d'augures menaçants, dont parle le cygne de Mantoue en son livre premier des *Géorgiques* :

> Vox quoque per lucos vulgo exaudita silentes
> Ingens; et simulacra modis pallentia miris
> Visa sub obscurum noctis. . . . . . .

« Il est vrai, toutefois, que ce dernier verset remplit nos esprits de tristes pensées, et après la cérémonie nous nous rendîmes au palais épiscopal avec recueillement. Notre vénérable évêque, qui a bien maintenant soixante-dix ans, me fit, à mon extrême surprise, un signe de la tête ; je m'approchai.

« — On m'a parlé de vous, Monsieur le curé, dit-il. Vous vous appelez François-Joseph, commé moi. J'ai bien connu M. votre parent, M. Louis de Bonnières, capitaine au régiment de Bresse, qui épousa votre grand'tante l'année même où je vins au monde. Vous avez pour allié un homme de condition que j'estime fort, M. le baron de Torcy. Je pense à vous pour une des prébendes de ma cathédrale ; mais vous ne prêchez point.

« Je me tus, car je sais par une longue expérience que le premier mouvement du vieil homme qui est en moi est de dire une sottise, par trop de vivacité et de franchise.

« — Oui, reprit Monseigneur, M. le marquis de Zotinghem, votre patron, se félicite de vous. Je l'ai vu à Paris, rue de Varennes, chez M. le duc de la Rochefoucauld. Il met votre charité au-dessus de tout, et vous êtes bon humaniste. Allons, il faut prêcher.

« Je me tus encore ; une longue expérience m'a appris aussi que le vieil homme qui est en moi n'est point fait pour parler aux grands de ce monde. Je ne suis point né pour l'hypocrisie des cours, des usages et des belles manières, ainsi que je l'appris quand je m'en fus à Paris solliciter M. le président d'Aligre et M. le conseiller Pasquier, rapporteur de notre procès contre M. de Torcy.

« — Et je vois, Monsieur le curé, que vous ne manquez point de modestie, conclut Monseigneur; cela est fort bon. Faites-nous un sermon, venez le prêcher devant nous ; M. l'archidiacre vous avertira.

« Je m'éloignai, mordu au cœur par le démon de l'ambition : je me voyois déjà chanoine, archidiacre, grand-vicaire, et... qui sait ?

« Je voulus détourner mon esprit de ces funestes pensées, et j'allai présenter mes devoirs à M. Wyant, procureur du roi en la sénéchaussée du Boulonnois, et le parent de M. Wyant, curé d'Isques, mon ami particulier, — administrateur, élu par le clergé, du corps et conseil d'administration chargé des finances du Boulonnois. (Note de l'an 1787.)—Comme il est très-amateur d'antiquités, nous discutâmes de la chaussée de Brunehaut, découverte en Boulonnois l'an 1776, à l'époque de la construction du pont d'Atin. Je lui certifiai que cette chaussée avoit sept pieds d'épaisseur et qu'elle étoit construite par trois couches de différentes matières, et qu'il étoit vérifié qu'on avoit trouvé, lors des fouilles, à huit pieds de profondeur, un saule entier non pétrifié ni déformé.

« Je ne manquai pas, après avoir été au faubourg de Maquestra boire un verre des eaux

Martiales qui sont célèbres dans toute la comté pour le fer qu'elles contiennent, de me promener autour des remparts de la Haute-Ville. Les sites qu'on aperçoit sont vraiment enchanteurs, et de la porte des Degrés aussi bien que de la porte des Dunes, on jouit de la vue, soit des champs, soit de la mer, qui offre les plus beaux tableaux.

« Le P. Gardien des Capucins, à qui j'allai demander un prédicateur pour le carême prochain, me dit que la ville est en voie de prospérité, et que l'on n'y compte pas moins de douze mille habitans, sans compter les étrangers et les soldats.

« Le lendemain, avant mon départ, je fis hommage à madame Siriez de Bergues, voulant lui témoigner de ma reconnoissance pour ses soins obligeans, d'un chapelet bénit et indulgencié par Notre Saint-Père le Pape, et à moi donné par madame La Croix du Quenne. J'éprouvai quelque regret à me dessaisir de cet objet précieux ; mais je triomphai assez vite de ce sentiment d'avarice. Je communiquai aussi à notre vénérable parente la véritable recette de la boisson nommée *bouillie,* et qui n'est connue que dans notre province : son bien lavé, houblon et miel ; faire bouillir avec une quantité d'eau assez forte pour emplir la chaudière : quand la liqueur est passée, y délayer le levain de froment ; verser le tout dans des barriques qu'on laisse débouchées jusqu'à ce que la fermentation soit passée. C'est ainsi que se fabrique la boisson domestique la plus habituelle à nos paysans.

« Je pris congé de ma digne parente, après avoir reçu d'elle la promesse qu'elle viendroit passer quelques jours en ma maison curiale lors de la fête patronale de Zotinghem, qui est le 11 juin, fête de saint Mamès. Après avoir envoyé quérir par Pierre divers menus objets, tels que soufflets, couteaux et mouchettes, que M. La Foirez-Saint-Amour avoit eu la bonté de me faire venir d'Angleterre, je montai dans ma chaise et repris le chemin de ma cure.

« A peine fus-jé sorti de la porte de la ville, dans le faubourg même de la Porte-Royale, je rencontrai M. le Prieur des Bénédictins de Samer, monté dans une voiture de paysan, comme il convient au pauvre prieur d'une abbaye en commende. Je le priai d'accepter une place dans ma chaise.

« Nous causâmes de mon neveu Charles-François de Ricault de Lignières, qui est son voisin, depuis qu'il est venu occuper et cultiver, à Questrecques, le domaine des Champs-Greslins, à lui laissé par notre parent, M. le chevalier d'Escault. Il me donna de fort bonnes nouvelles de lui et de sa jeune femme, la propre nièce de mon confrère de Bazinghem. Il m'apprit que les revenus de l'abbaye de Samer déclinoient, puisque M. de Mérinville, abbé commendataire — que lui prieur n'avoit jamais vu — ne touchoit cette année que huit mille livres, tandis qu'il en avoit reçu neuf mille l'an passé. Le pauvre prieur me parut fort affligé de l'état de sa communauté, et je compris bien que les mœurs et la discipline étoient en grand péril dans l'abbaye de Samer.

« Quand il m'eut quitté, les paroles de Mgr de Pressy me revinrent en mémoire, et le démon de l'ambition recommença de me tenter. J'étois resté vicaire général au moment où j'étois parvenu à le chasser ; je me vis évêque et cardinal. *Vade retro !* Je pris mon bréviaire ; mais le chemin devint si mauvais que mes besigles sautèrent de dessus mon nez. Je me résolus à faire le sermon solemnel que me demandoit mon évêque. Ne devois-je pas lui obéir ? Mais à mesure que j'approchai de mon aimable pays, les fumées de la vaine gloire se dissipèrent.

« Je pensois à ces excellentes gens dont j'étois universellement aimé et respecté, au bien qu'en vingt ans de travaux apostoliques j'avois pu faire — à Dieu seul en soit la gloire. — Je songeai à ma maison curiale si bien exposée au midi, si riante et si claire ; à mon jardin, où la terre est bonne pour les fruits ; à mon bosquet fort bien planté ; à cette vie douce, bienfaisante et tranquille, loin des soucis amers, et sans autres peines que celles que la désobéissance de notre premier père a imposées à l'humanité. Je me rappelai toutes les joies que ce bon pays avoit déjà données à mon ministère pastoral et à mon cœur. Que pouvois-je donc demander au Seigneur, sinon de m'en aller doucement vers lui en faisant le bien à ceux qui m'aiment, en secourant les pauvres, en consolant les affligés, qu'il aima tant durant sa vie mortelle ? Et quand je pensai aux souffrances de mon Sauveur, n'étoit-ce pas déjà trop de jouir avec volupté de la beauté de ces champs, de la pureté de cet air, des bois aux frais ombrages, et des prairies diaprées de mille fleurs ?

> O fortunatos nimium sua si bona norint
> Agricolas ! quibus ipsa, procul discordiis armis,
> Fundit humo facilem victum justissima tellus.

« Je me remémorai et la joyeuse amitié de mes confrères du voisinage et la sainte gravité des autres. Il n'y eut pas jusqu'à mon chien Monaux, jusqu'à ma vieille et fidèle Javotte, dont la pensée ne m'attendrît. Et mon brave Pierre, qui dansoit en ce moment même sur le siége, en maudissant tout bas et les cahots et Dezoteux, d'Hubersent, l'entrepreneur provincial des chemins, et sa propre perruque hérissée, qui bondissoit sur son chef, en se tournant sens devant derrière.

« Ce brave garçon faillit à m'arracher des larmes ; mais je ne pus les retenir quand, en descendant tout moulu de ma chaise, je vis Monaux me sauter aux jambes, la vieille Javotte descendre avec précipitation les degrés du perron, quand j'aperçus, aux fenêtres de ma salle, la figure tendrement inquiète de mes trois amis, le receveur du prince de Tingry, le bailly de M. le marquis de Zotinghem et le curé-vicaire-perpétuel de la paroisse de Laudincthun, de laquelle paroisse je suis le gros décimateur.

« Bientôt tous les notables du pays vinrent s'enquérir des accidens de mon voyage. Le valet de chambre de madame de La Croix du Quenne et la domestique de madame du Hameau vinrent prendre les nouvelles de ma santé.

« M. l'intendant voulut bien descendre lui-même à la cure ; je devinai qu'il se rappeloit l'allusion faite, un jour, à une table de tric-trac, dont je désirai lui faire le plaisir. Il est d'ailleurs fort honnête homme pour son état, et, depuis vingt ans qu'il est le factotum de M. le marquis, on ne dit pas qu'il ait gagné plus de dix mille livres de revenu.

« Cela est peu ; aussi aime-t-il à répéter : « Ce n'est pas le gros bien qui fait le bonheur ; il suffit qu'on soit accommodé. »

« Jamais je ne trouvai meilleure que ce soir-là la *prunée*, cette bonne marmelade boulonnoise, où Javotte excelle ; et M. le bailly reconnut de fort bonne grâce que son vin blanc d'Olleron ne valloit point mon vin d'Entre-deux-Mers.

« Quoique je fusse fort moulu, je m'en allai, sans trop traîner le pied, au hameau du Rû-d'Argent, où m'appeloit la vieille sorcière Marie-Barbe, laquelle avoit de trop gros péchés, disoit-elle, pour les raconter à un morveux de vicaire.

« Ce fut en revenant seulement que j'appris le retour de M. du Hameau, et que je remarquai que M. le vicaire n'avoit pas daigné venir s'enquérir de ma santé. Mais qui est-ce qui n'a pas ses croix à porter ? Je me mis, malgré moi, à songer à mon sermon. »

II

J'ai cru devoir citer textuellement ce passage des *Mémoires de mon Oncle*. Ces observations minutieuses, précises, variées, enrichies de consciencieuses parenthèses, emportent avec elles la preuve de leur bonne foi et de leur authenticité. On comprendra mieux aussi le caractère de messire Claude-François, cet amalgame de finesse et de bonhomie qu'on retrouve dans ses remarques, cette vivacité tempérée par l'âge et combattue par la piété ; cette activité accompagnée de réflexions continuelles ; ce mélange de l'homme des champs et de l'humaniste ; enfin, ce qui le distinguait par-dessus tout, un esprit très-vif et un jugement très-lent. Je n'ai pas vu de portrait de lui ; mais la tradition assure qu'il était grand et gros, très-noir de cheveux et de teint en sa jeunesse ; il avait blanchi fort vite. Il conserva toujours l'expression riante et douce de ses yeux noirs ; mais l'âge donna à l'ensemble de ses traits un caractère austère et saisissant.

Il avait, à la date où nous venons de le prendre, cinquante-et-un ans. Il était né, en effet, en 1730, dans le domaine de la Houssoye, au village de Bellebrune en Boulonnois. Son père était de vieille noblesse militaire et provinciale, fort appauvrie ; et bien qu'il fût seigneur de Lignières, de Belbecq, d'Héricourt, de la Houssoye et de divers autres lieux, comme ces lieux, si divers qu'ils fussent, n'étaient pas très-étendus, Claude-François, troisième fils, ne se trouva pas, dès sa naissance, destiné à être un fort grand seigneur.

M. le curé d'Alincthun, dont le village de Belle-brune était le *secours*, décida, d'après des considérations qui ne sont pas venues jusqu'à moi, que Claude-François deviendrait une des lumières de l'Église de France.

M. le curé travailla de son mieux à réaliser cette prophétie, et il réussit avec tant de facilité à apprendre à l'enfant la lecture, l'écriture, l'histoire sainte, le plain-chant et la géographie de la généralité d'Amiens, qu'il en prit une grande admiration pour ses talents de professeur.

Mais il était bon homme : il fit remonter à Dieu seul l'honneur de son propre génie et se hasarda en une nouvelle prophétie. Il prédit que Claude-François deviendrait un si riche bénéficier, qu'il relèverait sa famille au rang de fortune où l'avait mise, à la fin du quinzième siècle, le célèbre capitaine Bernard de Ricault, dont il est parlé dans les chroniques de Jean d'Auton, historiographe du roi Charles VIII. A cet égard, son aide se borna à cette prophétie ; car il était lui-même un pauvre curé, à portion congrue de trois cents livres par an.

Cette somme, avec les obits, les annuels, les messes, les menus suffrages, la dîme verte et les novales, s'accroissait bien d'une centaine de livres, petit revenu qui pouvait permettre au digne curé de s'aventurer sur le terrain des biens de ce monde, mais uniquement à titre de prophète.

On envoya d'abord Claude-François au collége des Oratoriens de Boulogne. Mais bien que l'on fût encore dans toute la ferveur de la querelle du jansénisme et que le diocèse de Boulogne fût renommé, dans toute l'Église de France, pour le zèle de ses protestations contre la bulle *Unigenitus*, le curé d'Alincthun décida qu'il fallait savoir, entre temps, flatter le Mammon d'iniquité. — C'était ainsi que, dans son zèle janséniste, il nommait les disciples de saint Ignace.

Il conduisit donc son pupille aux Jésuites de Saint-Omer. Ils avaient là un collége célèbre dans tout le Boulonnois, le Pays Reconquis, le Vimeux, l'Ardresis, le comté de Guines, l'Artois et le Franc de Flandres. Claude-François y termina ses humanités, non sans gloire.

Il était arrivé là avec un grand respect pour Jean Despautère ; il sortit persuadé que le *Prædium rusticum* du Père Vanière luttait de bonne latinité avec les *Géorgiques*, et très-convaincu que Virgile avait gagné un nouveau lustre à être traduit par le Père Catrou. De la traduction d'Horace par le Père Tarteron, on n'en parlait pas : c'était le chef-d'œuvre du genre.

Lorsque Claude-François passa l'examen qui

clôt la rhétorique, il fut trouvé excellent dans son explication de l'*Art poétique,* de l'*Oratio pro lege Maniliâ,* et des nombreux passages de Quintilien qui lui furent proposés ; mais on le trouva faible quand on l'interrogea sur les trois fondements de l'éloquence : les figures, la disposition, la prononciation. Le père recteur, qui présidait devant une assemblée choisie la séance solennelle, en conclut avec une grande finesse d'observation que Claude-François avait l'esprit assez vif pour devenir bon poëte, excellent humaniste, mais le jugement trop lourd pour briller en philosophie.

Ainsi fut-il. Mon oncle devint bientôt la victime des catégories d'Aristote. Il accepta avec résigna-tion, mais sans conviction, cette maxime, que tous les objets de nos pensées se réduisent à la *substance,* la *quantité,* la *qualité,* la *relation,* l'*agir,* le *pâtir,* le *quand,* la *situation,* l'*avoir.* Il ne sut jamais bien exactement si *Adam avait eu la philosophie infuse.* Il se trouva fort étonné d'être tenu à prouver qu'*il n'est pas sûr qu'il existe des corps ;* et l'admission de l'universel, *à parte rei,* le troubla singulière-ment.

Les longues années consacrées à l'étude de la théologie furent sans charme pour lui. Il se perdit complètement dans les querelles d'écoles qui divi-saient les Thomistes, les Augustiniens et les Jésuites ; la grâce *excitante* des premiers, *déterminante* des seconds, et la *liberté humaine* des troisièmes le déconcertèrent toujours.

Il paraît pourtant qu'il parlait parfois, en baissant modestement les yeux, d'une thèse théologique soutenue, non sans applaudissement, par un homme qu'il était inutile de nommer, — à Dieu seul soit la gloire, — et dans laquelle on avait prouvé avec force que l'unité spécifique d'une science part de l'unité du motif par lequel nous consentons à ses conclusions.

Il revient à plusieurs reprises dans ses notes sur les détails de sa vie de jeunesse. Mais il se tait absolument sur la partie de son existence qui s'écoule entre les années 1755 et 1761. Je sais seulement qu'il fut curé du village de Nempont en Ponthieu, et cela parce qu'à l'heure qu'il est la commune de Nempont nous paie une rente de dix livres à titre d'héritiers de discrète personne maître Claude-François. Je suppose encore que ce fut aux démarches des gens de condition que nous comptions dans notre famille qu'il dut la cure de Zotinghem.

Cette cure était à la nomination de M. le marquis de Zotinghem, seigneur, patron et châtelain du village, et elle constituait un bénéfice exceptionnellement avantageux. Le curé était gros décimateur, c'est-à-dire possédait les grosses dîmes de Zotinghem et de Laudincthun, lesquelles lui valaient, bon an mal an, trois mille livres. Le *creux* de l'église (les honoraires, le casuel) était, par les fondations, messes, enterrements, etc., estimé à mille autres livres ; là-dessus, le décimateur était tenu de faire un *gros* (rente ou portion congrue) de trois cents livres annuelles au curé-vicaire-perpétuel de Laudincthun, et un gros de cent cinquante livres au vicaire de Zotinghem.

III

« Mes bons paroissiens, dit-il à la fin de l'année 1786, ont célébré la vingt-cinquième année de mon séjour parmi eux, et cette fête a fait beaucoup plus de bruit dans le pays que toutes les réunions qui ont eu lieu, dans le courant de cet an, pour la nomination des Notables, lesquels, dit-on, doivent au mois de janvier prochain se réunir à Versailles.

« A quoi bon, me dis-je souvent, toutes ces assemblées? C'est par elles seulement que les gens de nos villages apprennent que tout ne va pas aussi bien qu'il se pourroit. M. l'intendant, M. le bailly, ou l'un des gentilshommes du voisinage, m'apportent parfois quelques numéros de la *Gazette de France*, du *Mercure*, du *Courrier de l'Europe* ou du *Journal de Bouillon*, qu'ils ont trouvés à la ville, et qui ont passé par bien des mains avant d'arriver aux miennes. Je puis bien présumer, par ce qu'on lit dans ces gazettes, que Sa Majesté a dans le gouvernement de la France plus de soucis que je n'en ai dans la direction de ma paroisse. Mais le Roy a l'âme pleine de sagesse, de vertu; pourquoi ne veut-on pas lui laisser le soin et le temps de remédier aux maux?

« A quoi serviront toutes ces assemblées ? D'abord à rendre le peuple plus impatient et les notables plus ambitieux, puis à établir de nouveaux impôts et à demander de nouveaux dons au clergé. L'Église de France compte à peu près cent mille individus sur une population de vingt-six millions d'habitans, et ses revenus sont de cent trente millions, ce qui fait treize cents livres en moyenne, pour chaque membre de l'Église. Mais le plus grand nombre a moins que cette somme, qui est le chiffre du revenu d'un curé-décimateur ordinaire; et, dans la hiérarchie ecclésiastique, il y a au-dessous du curé-décimateur, en descendant par ordre de diminution de bien, le curé à portion congrue qui a aujourd'hui, depuis peu de mois, sept cents livres; puis le chapelain de seigneur, le chapelain d'hospital, le prêtre habitué, le vicaire, et enfin le moine dont l'abbaye est en commende. Dans l'assemblée générale du clergé de France du 6 juin 1785, nous avons accordé à Sa Majesté, à titre de don gratuit, le huitième de nos revenus, c'est-à-dire dix-huit millions de livres. Nous sommes convaincus que cette réunion des Notables aboutira uniquement à nous demander le quart de nos rentes, c'est-à-dire trente-six millions.

« Mais de telles assemblées ont encore d'autres inconvéniens : elles engagent les oisifs, le peuple et les bourgeois à s'occuper des affaires générales, au lieu de laisser ce soin aux princes et aux seigneurs, et de se borner aux affaires de leur commerce, de leur communauté, de leur corporation et de leur cité. Elles les incitent à lire les gazettes, et ce sont ces pestes qui hébètent l'esprit, comme les disputes interminables sur le jansénisme ont altéré la foi.

« Mon vicaire, qui est l'épine que le Seigneur a mise dans ma voie, est devenu le convive assidu de ce dangereux M. du Hameau. Il est aussi l'ami de ce bourgeois de Montreuil, Bélart, qui semble avoir été envoyé dans ma paroisse pour corrompre les esprits à l'aide de la philosophie. Mon vicaire m'a déjà engagé à m'unir à quelques-uns de mes voisins pour faire venir la *Gazette de l'Europe* ou le *Journal de Bouillon*. Je faillis à me mettre en colère, mais je réprimai immédiatement le vieil homme :

« — Monsieur le vicaire, lui dis-je avec froideur, il n'en est pas besoin : ce sont les gazettes qui rendent l'esprit léger et nonchalant, et poussent le peuple à l'insolence en exposant les têtes les plus respectables à la censure de ceux qui n'ont reçu nulle mission pour cela, ni de Dieu, ni du prince. Puisque vous hantez les philosophes de préférence à vos confrères, demandez-leur s'il n'est point vrai que, aujourdhuy, les livres se convertissent en dictionnaires et les drogues en ratafiat, et si ce n'est point pour cela qu'il n'y a plus de savans, et qu'il se trouve tant de malades. »

« Enfin le grand mal de toutes ces assemblées politiques, c'est que cela encourage les ignorans et les méchants à traiter, avec le jargon frivole de la philosophie, les questions les plus hautes.

« Je me trouvai dernièrement à un repas de baptême chez Jean-Marie Ducornoy, qui est un des riches paysans de ma paroisse. On m'y rendit tous les respects qui me sont dus. La table étoit entourée de tout ce que le voisinage renferme de fermiers à *grosses bottes*, comme nous les appelons, c'est-à-dire très-riches. Ce Bélart, dont je parlois plus haut, il cherche à se faufiler partout,

je ne sais dans quel but mystérieux ; il se rencon-
troit là, et il me dit à la fin du dîner avec un sourire malicieux :

« — N'est-il pas vrai, Monsieur le Curé, que
vous connoissez bien le proverbe :

En pays d'Artois, les moines sont aise :
Sur dix-huit charrues, ils n'en ont que treize.

Moi, j'en reviens, de l'Artois, et ne voilà-t-il point
qu'on commence à dire communément que c'est
injuste de tant travailler pour donner aux seigneurs et aux curés une si grande part des profits
de son travail. »

« Je sentis le vieil homme se réveiller violemment en moi ; mais j'en triomphai. Je ne voulus
point toutesfois répondre directement à Bélart ;
je me tournai vers les fermiers :

« — Mes enfants, leur dis-je, beaucoup de gens
parlent de ce qu'ils ne savent point, et comme
vous entendez vos vicaires causer de dixmes, de
la chambre noire, du droit d'étole et de résigna-
tion, cela vous tourmente. Vous croyez que c'est
le diable, et il arrive des beaux messieurs qui
veulent vous expliquer tout, et ils n'en savent pas
plus que vous.

« Moi, vous le savez bien, j'ai toujours détesté
l'ignorance ; la science, c'est le commencement du

paradis, puisque dans le ciel une de nos grandes récompenses sera de tout savoir. Alors nous saurons au fond quel intérêt a Jean Bélart à prendre ainsi la défense des charrues d'Artois. Mais pour les dixmes, il ne faut point attendre d'être mort pour les connoître.

« Vous savez bien, continuai-je, comment notre pays s'est fondé. Les moines ont défriché le pays ; les seigneurs l'ont défendu. Les paysans qui sont venus sur les terrains défrichés par les moines ou possédés par les seigneurs ont dit : « Laissez-nous cultiver ces terres pour nourrir nos enfans ; nous vous donnerons tant sur nos profits. »

« Et quant ils furent réunis en grand nombre, ils dirent aux moines : « Laissez un des vôtres parmi nous pour nous marier, nous confesser, nous consoler, nous aider, nous faire trouver cette vie moins dure et nous mener plus aisément dans le paradis ; nous lui donnerons, pour vivre et pour distribuer à ceux d'entre nous qui tomberont en pauvreté, le dixième de nos récoltes. »

« D'autres fois, c'est le seigneur qui a dit : « J'abandonne à votre curé, sur ce que vous me redevez, le dixième de votre récolte ! »

« Vous comprenez. Eh bien ! ce curé, qui avoit ainsi la dixme ou dixième, on l'appelle le curé *primitif* ou gros décimateur, parce qu'il a la dixme des grosses choses, des bestiaux, du bled, etc.

« Quand, par la suite des temps, continuai-je toujours, le curé primitif n'a pas pu remplir son devoir pastoral, soit que l'on ait établi dans la paroisse primitive diverses autres paroisses, soit que les moines curés primitifs aient délégué leurs fonctions, eh bien ! on a établi des curés-vicaires-perpétuels auxquels le curé primitif, tout en gardant la grosse dixme, étoit tenu de faire un *gros,* rente annuelle ou portion congrue, qui étoit jadis de trois cens livres et qui vient d'être portée à sept cens livres par déclaration du Roy du 2 septembre 1786. Ces curés-vicaires ont, en outre, la dixme verte, c'est-à-dire des fruits et des légumes de jardins, et les *novales,* c'est-à-dire les dixmes qui sont ou restituées ou établies depuis quarante ans seulement.

« Vous savez, repris-je après un instant, que c'est chaque année, à la veille de la Saint-Jean, que nous entrons en possession des fruits de notre bénéfice, qu'ils deviennent mobiliers et que nous pouvons les vendre ou les échanger. Vous savez bien aussi que cette dixme, quoique son nom indique le dixième de vos produits, n'est en moyenne que du vingtième, et que beaucoup de ces produits y échappent. Vous n'ignorez pas que bien souvent, pour faire la gerbe du curé, on va chercher le blé qui a poussé à l'ombre du pommier ou de la haye, là où la paille est mélangée de mauvaise herbe. Vous savez aussi que beaucoup de vous aiment mieux semer des grains de petit produit ou nuisibles à la terre, mais non sujets à la dixme, que des espèces plus avantageuses, mais sur lesquelles porte le droit. Eh bien ! tout va : et malgré quelques petits procès, qui vous forcent à respecter la loi et la seigneurie, nous nous aimons les uns les autres.

« Voulez-vous, dis-je encore, après avoir regardé fixement Bélart, qu'on abolisse la dixme ? Cela profitera seulement aux propriétaires, car le fermier verra la rente de sa ferme s'augmenter d'autant. Il faudra bien que les paroisses, les provinces ou l'État paient le clergé ; ce seront de nouveaux impôts ; c'est-à-dire qu'on vous forcera à payer la dixme en argent, mais avec beaucoup de dépenses et d'employés pour la faire venir des mains du paysan dans celles des prêtres, tandis que maintenant tout se fait directement et sans frais.

« Ce n'est pas à moi qu'on apprendra qu'il y a beaucoup d'abbayes en Artois ; mais croyez-vous que ce sont les moines qui ont le fief, le bois, la grosse ferme, les dixmes, le moulin et le four banal ? Non, les trois quarts des abbayes sont en commende, c'est-à-dire que leurs revenus sont entre les mains de l'État, du Roy et des seigneurs. »

« Jean Bélart, voyant la faveur avec laquelle on m'écoutoit, avoit disparu. Voilà le mal que font les assemblées politiques, les gazettes et la philosophie. Elles poussent le peuple chrétien au suicide, au célibat, à l'épicurisme, au manque de respect ! Mais moi-même, pourquoi vais-je me mêler aux discussions des grands de la terre?»

Cette note, qui m'a paru représenter fidèlement l'opinion de la plus grande partie du clergé rural, est la seule qui touche à la politique pendant les années 1786 et 1787, et messire Claude-François nous prouve nettement que nul écho du trouble qui agitait déjà tant d'esprits n'arrivait encore dans les villages, même les plus riches.

IV

Zotinghem était un de ceux-là et prétendait même à quelques-uns des priviléges de bourg. Les anciens hommes du pays assuraient, mais sans preuves, que la seigneurie était la première des quatre pairies du Boulonnois, et que, dans les

temps éloignés, le sire de Zotinghem était conné-
table-né de la comté.

En 1787, le village comptait plus de deux cent
cinquante feux, c'est-à-dire à peu près mille habitants.

« Ce qui est un gros chiffre, — écrivait messire
Claude-François, le 1er janvier de ladite année, en
envoyant, selon l'usage, le double de ses actes pa-
roissiaux au greffe du bailliage, — puisque toute
la province ne compte que soixante-trois mille
âmes. »

Le marquis de Zotinghem était seigneur, patron, châtelain et haut justicier du village; mais
nul dans le pays ne le connaissait. Il n'avait jamais mis le pied dans son domaine, à cause de
certaines difficultés qu'il avait avec les princes de
Tingry, ses voisins. Il leur devait, en effet, quelques droits de reliefs. Pour tout le reste, sa seigneurie relevait uniquement du roi, et sa justice
ressortait de la sénéchaussée du Boulonnois.

Cette justice était représentée par le juge-bailli,
par deux assesseurs choisis parmi les notables
paysans et par le procureur fiscal. M. de Zotinghem possédait tous les droits honorifiques et
utiles.

Les droits féodaux généraux, tels que ceux de corvée, de chasse, de pêche, de colombier, de four, de moulin, de taureau banal, de verrat, et les droits spécifiés par la coutume du Boulonnois : les droits d'aide, de bâtardise, d'épave, de ter-rage, droits d'affeurage de vin et de gambage sur les brasseurs, relief, chambellage, demi-relief, quint, quart-denier, requart et requint, etc., tous ces droits réels étaient exercés et défendus par M. l'intendant, qui habitait les communs du châ-teau et était un grand personnage.

Quant aux droits honorifiques que conférait au marquis son titre de patron de l'Église, droit de banc seigneurial, droit d'être encensé pendant les offices, d'avoir des *litres*, à ses armes, tendues pendant les obits fondés par sa famille, d'être nommé aux recommandations du prône, droit de pain bénit, de pas à la procession, privilége, pour ses parents, d'être enterrés sous le sanctuaire, etc., ces droits n'étaient plus exercés.

C'était M. de la Croix du Quenne qui les avait peu à peu usurpés (malgré les protestations de l'intendant), et cela sous le prétexte qu'il possédait dans les enclaves de la paroisse un plein fief de haubert, tenu directement du roi, « noble tène-ment, amazé d'un grand corps de logis à double étage, flanqué de deux pavillons, cour renfermée, jardin potager, basse-cour, colombier, avec bosquet et grosse ferme. »

Ce M. de la Croix du Quenne, chevalier, ancien capitaine des milices boulonnoises, possédait légalement dans les limites de sa terre tous les droits qui n'étaient pas en contradiction avec la seigneurie du village; et comme il habitait toujours le pays, il avait peu à peu empiété sur les droits du fief suzerain.

C'était un honnête gentilhomme, froid et orgueilleux, qui, tout charitable qu'il fût, tenait à ses priviléges avec une implacable rigueur. Il était l'ennemi acharné des braconniers; tuait sans rémission tous les chiens errant dans ses terres; faisait fouetter les enfants qui venaient dénicher des nids dans ses bois; faisait condamner à de grosses amendes les paysans qui cueillaient des épines dans ses haies. Il avait même poursuivi devant le bailli le brave Pierre, qui était venu pêcher dans son ruisseau un plat de goujons pour M. le curé.

Celui-ci lui avait pardonné bien volontiers cette sévérité; mais il était fort triste de voir que, pour le chevalier, la religion était quasi affaire de pure cérémonie; car s'il assistait dévotieusement aux messes, où son orgueil trouvait satisfaction, où il y avait offrandes, encensements, pain bénit et recommandations nominales, il s'abstenait toujours des offices ordinaires, où il n'y a que le *memento* commun.

« Il a soin pourtant, quand il me rencontre, peu de temps après le dimanche où il s'absente, dit mon oncle, de me parler, par politesse, de l'elixir anti-goutteux de Gaschet, chirurgien à Paris, rue de Beauregard; mais il n'a point la goutte. Il porte seulement son orgueil avec lui, comme un diurnal; il est fier comme le kan de Tartarie, ou comme s'il descendait de Mérovée. C'est toutefois un homme sage, et il dit bien prudemment que, n'ayant que mille louis de revenu, il peut vivre dans son château (et, de fait, son château est bien rangé pour recevoir compagnie), avec six domestiques mâles, cinq servantes, huit chevaux, entretenir son jardin, tenir table ouverte et recevoir quelque compagnie, mais à la condition de se priver d'aller à Paris.

« Il est bien vrai, en effet, que tout a augmenté d'un tiers depuis vingt ans. Aujourdhuy, ce qu'on ne sauroit croire, une journée d'homme se paie dix-huit sous, et si Javotte venoit à mourir, je ne trouverois plus une servante pour douze écus par an. Le bœuf et le mouton valent six sols la livre, le veau six sols et deux liards, le porc huit sols, le beurre quatorze, le fromage huit, le pain deux sols et demi; le tout à l'avenant : une volaille vingt sols, un dindon soixante, un pigeon six, une oie cinquante-cinq.

« M. du Hameau, qui possède sept mille livres de rente, vient de réduire son domestique à deux hommes, deux femmes, trois chevaux et un cabriolet.

« Dieu m'est témoin que je lui souhaite dix fois plus de bien et de s'en aller à Paris. Jamais il n'a mis le pied dans l'église, pas même sous le porche, là où se placent les gros preneurs de tabac, les petits chrétiens et les badauds, qui se moquent des bonnes gens se précipitant pour faire brûler un cierge à la Sainte-Vierge, ou faire lire des évangiles au maître d'école.

« J'ai vu le temps où pas un de mes paroissiens n'eût osé garder une rancune plus loin que la mi-carême, car il falloit pardonner, si l'on vouloit recevoir l'absolution à Pâques; et qui est-ce qui eût osé ne pas faire son bon jour? Cette année, trois hommes et une fille n'ont pas rempli leur devoir pascal. Le sacristain, qui vient toujours, après la messe, me narrer les nouvelles du pays, m'assure que ces trois hommes hantent familièrement M. du Hameau; et Camarade, ce fol bizarre qui a établi dans la grange de ma cure son quartier général, racontoit l'autre jour à Javotte qu'il avoit vu la fille en voiture avec M. du Hameau, sur la route de Boulogne. »

A la suite de ces réflexions se trouve la copie d'une lettre écrite par maître Claude-François (*messire* était de pure courtoisie) à M. de Meric de Montgazin, abbé de Cellefrouin, archidiacre, grand-vicaire et official de l'Évêché.

« Monsieur l'official, vous me faites l'honneur de me demander des renseignements sur l'état de mon clergé et sur l'influence que les pernicieuses doctrines de la philosophie moderne ont pu exercer sur lui. Hélas ! Monsieur l'official, Dieu éprouve ma paroisse par la présence d'un sectateur de ces doctrines. M. du Hameau, possesseur d'un petit tènement noble, et dont il n'est pas que vous n'ayez entendu parler, est un homme tout imbu des idées des incrédules ; il ne jure que par Voltaire et Rousseau, et ne manque aucune occasion de railler l'Église et ses ministres. Je crains bien que son zèle satanique ne se soit dirigé contre mon jeune vicaire, et qu'il n'ait déjà commencé à l'entraîner loin des saines et sévères prescriptions des saints canons.

« Ce pauvre jeune prêtre a toujours été foible et changeant, tantôt sombre et sournois, tantôt agité. Je ne le vois plus étudier les livres de théologie de Collet ou de Tournély, ni le dictionnaire abrégé de Pontas, les sermons du P. Élysée, carme déchaussé, ou de **M.** Beurrier, eudiste, ni les méditations pieuses de Beuvelet, ouvrages si utiles à tous les vicaires et curés. Je lui fis jadis cadeau d'un ouvrage fort recherché, vous le savez, par tous les jeunes ministres du Seigneur, les *Conférences d'Angers.* Il ne l'a point ouvert.

« J'eus l'occasion de tenter une épreuve. Le libraire ambulant qui vient chaque année dans mon village entra chez moi dernièrement ; je veux dire au commencement de cette présente année 1787. Quand je l'eus interrogé, il me dit :

« — J'ai pour MM. les curés l'*Histoire ecclésiastique* de *Fleury* ; les *Sermons* de *Cheminais* ; les *Droits des curez* ; le *Contrat de l'homme avec Dieu* ; les *Réflexions sur le prêt usuraire,* et la *Réponse du Capucin* ; le *Dictionnaire des livres jansénistes,* en quatre volumes ; le *Dictionnaire antiphilosophique,* en deux volumes, tous ouvrages nouveaux. Voici l'*Ame élevée à Dieu* ; l'*Ame affermie,* pour les pieuses dames ; pour les communautés religieuses, voilà les *Œuvres* de *Rodriguez,* de *Baudran* et d'*Avrillon.* Pour les châteaux, j'ai les *Œuvres* de *Buffon,* de *Rousseau,* de *Montesquieu,* de *Voltaire,* de *Molière,* de *Dorat* ; le *Dictionnaire héraldique* ; l'*Astronomie* de *La Lande* ; l'*Histoire des découvertes d'Herculanum* ; les *trois Voyages* de *Cook* ; les *Œuvres* de *Sterne,* de *Rabelais* ; les

Magasins des enfants et *des adolescents*; enfin, pour tout le monde, j'ai les *Caractères* de *La Bruyère*, *Télémaque*, les *Mondes* de *Fontenelle*, les *Éloges* de *Thomas*, et des dictionnaires de science.

« — Et ce paquet si bien enveloppé, que contient-il? lui dis-je.

« — Oh! répondit-il en échangeant un coup d'œil avec mon vicaire, ce sont des livres pour quelqu'un du voisinage.

« — Oui, je sais ce que c'est, fit négligemment le vicaire. »

« Le vieil homme l'emporta, Monsieur l'official. Je saisis, avec une colère qui fut peut-être sainte, le paquet. Il contenoit d'horribles pamphlets : l'*Espion François*, la *Gazette Noire*, le *Bonhomme Anglois*, le *Désœuvré*, les *Après-Soupers de l'hôtel Bouillon*. Je jetai le tout immédiatement au feu, et je poussai le colporteur par les épaules.

« Je ne sais ce qu'il convient de faire, et je fus toujours bien malheureux en vicaires.

« Le premier étoit un bon paysan, qui hantoit les cabarets et payoit chopine à tout venant. Je pensai que je devois augmenter la portion congrue de son successeur et la portai de cent cinquante livres à trois cents, outre le partage du casuel. C'étoit un petit-maître qui passoit son temps auprès des dames des paroisses voisines, pour les délasser des ennuis de la campagne, et brodoit, tricotoit, remuoit les cartes auprès d'elles ou les accompagnoit à la promenade.

« Je me dis que Dieu me punissoit de ne pas mieux respecter la discipline établie par les saints canons, et je me décidai à prendre ce troisième dans ma cure et à l'admettre à ma table. Hélas ! ces précautions n'ont pas protégé ce malheureux jeune homme contre les tentations du démon de l'orgueil ; il veut mordre à pleines dents les fruits de l'arbre de la science.

« Vous voulez bien m'honorer en me demandant si mon sermon est parachevé depuis six années qu'il est commencé. Je compte, avec la grâce de Dieu, y mettre la dernière main ces jours-ci :

Nocturnâ versate manu, versate diurnâ.

« J'ai eu dernièrement l'honneur de recevoir en ma cure M. Le Gressier de Belterre, lieutenant particulier, subdélégué, maïeur de Boulogne, accompagné de MM. Gros, avocat fiscal de la ville, et du Sommerard, procureur fiscal. Ces Messieurs, voyageant pour un gros procès qui intéresse la ville, et envoyés chez moi par M. Siriez de Bergues, chevalier de Saint-Louis, échevin et mon parent, me dirent que les parents de M. du

Hameau, sortis de la boue, étoient soupçonnés d'avoir été enrichis par le Système.

« Je m'aperçois que cette lettre est déjà bien longue ; je reprendrai, si vous le permettez, la plume pour vous parler de mon curé-vicaire-perpétuel de Laudincthun, et je mets fin à cette missive, que je bénis, puisqu'elle m'a permis, Monsieur l'Official, de me dire avec passion, etc.»

Quelques jours après, Messire Claude-François écrit de nouveau :

« Monsieur l'Official, je viens de donner l'hospitalité à MM. Mariette, Caron de Fromentel et Latteignant de Ledinghem, avocats à la séneschaussée, et ayant un intérêt dans le procès dont j'ai eu l'honneur de vous parler. Ils n'ont pas feint de me dire que M. du Hameau étoit véhémentement soupçonné de faire partie de cette secte impie, ennemie de Dieu et du Roy, et que l'on nomme la franc-maçonnerie.

« Dieu sauve ma paroisse et mon vicaire des embûches de ce loup dévorant, qui a eu l'extrême habileté de séduire, par son jargon frivole et par la science dont la digne madame du Hameau joue du clavecin, M. Merlan, lieutenant de la maréchaussée et de la cour prévôtale, lors de la dernière visite annuelle que ce magistrat fit en mon village.

Mais détournons nos regards de ces pensées pleines de douleur.

« Mon vicaire perpétuel de Laudincthun est un véritable saint, un curé à la façon antique et selon le vieux modèle des anciens pasteurs de l'Église gallicane. Il ne s'occupe aucunement de ce qui se passe dans le monde, ne sait rien de la littérature, des événemens, de la politique.

« Depuis quarante ans, sa vie est ainsi réglée : il se lève à quatre heures du matin, prie et prépare ses prochains prônes ou instructions. A six heures, il se rend à l'église, se prépare à la sainte messe jusqu'à sept heures. La messe dite, il va visiter les malades, et revient à l'église se mettre à la disposition de ceux qui veulent se confesser. Il dîne à midi, se promène pendant une heure, en causant avec ceux qui viennent lui demander conseil ou assistance pour les choses temporelles. Il passe ses après-midi à rendre les services qu'on lui a demandés. Chaque semaine, il visite toute sa paroisse. Le soir, il va voir les enfants que les travaux des champs empêchent d'aller à l'école, et il leur porte des livres et du papier ; ou bien il va à la *série* (soirée) dans les maisons respectables, où l'on chante les noëls en famille, où l'on raconte les histoires décentes, les légendes anciennes, les récits de miracles, les histoires des fées et de revenans.

« Il est miséricordieux comme un capucin, mais sévère sur l'exercice de ses droits, et ne permettroit à quiconque d'aller se confesser hors de sa paroisse sans un billet de lui. Il ne manque pas à faire tous les mois la visite des nourrices de sa paroisse, auxquelles soit les particuliers, soit les hôpitaux, ont confié des enfans.

« Bien que je n'aie pas attendu la loi de l'an passé pour augmenter sa portion congrue, il n'est pas bien riche ; il n'a jamais d'autre gâteau que le pain bénit du dimanche, ni d'autre pain blanc que celui des purifications. Mais il n'a jamais éconduit le voyageur pauvre ou égaré, et chaque année, selon l'usage, à la fête de la paroisse, il reçoit fort dignement les gentilshommes, les curés et les riches fermiers du voisinage.

« Il saigne très-habilement et a le plus grand soin des drogues qui lui sont confiées par ordre du Roy, pour être distribuées gratuitement.

« En été, m'a-t-il dit souvent, dès le mardi je ne
« mange plus que des légumes, — car le boucher
« ne tue qu'une fois par semaine, le samedi, — à
« moins qu'un gentilhomme du voisinage ne
« m'envoie un lièvre, ou qu'une riche fermière,
« la veille d'une fête, ne m'apporte un poulet ;
« mais les abeilles sont toujours là. »

« En effet, le soin des abeilles est le péché mignon de ce saint prêtre ; peu s'en faut qu'il n'ait pour ces insectes une passion idolâtrique : il assure que les mouches se fàcheroient si l'on ne mettoit point un crêpe à la ruche lors de la mort du maître de la maison ; et l'on ne l'entend parler volontiers que de mères mouches, bourdons, mouches vierges, de la ponte, des couvis, des essaims et des pressis. Mais que sont ces innocens défauts à côté de nos propres fautes ? Seigneur, pardonnez-nous !

« J'avoue toutes fois qu'il prêche un peu trop familièrement, et à la franche marguerite, comme on dit communément. Je l'ai entendu comparer la Trinité à un morceau de lard, parce que le gras, le maigre et la couenne ne forment qu'un tout.

« Mes frères, s'écria-t-il dimanche dernier,
« laissez faire ces Messieurs de la ville, ces gros
« pourceaux du monde. Notre-Seigneur nous
« assure qu'on ne peut pas servir Dieu et l'argent ;
« ils servent l'argent, ils ont l'argent ; servons
« Dieu, nous aurons Dieu. Ils vont en enfer en
« équipage ; nous, nous mangeons notre pain sec
« sur le chemin du ciel. Ils ont de gros ventres
« qui veulent tout engloutir ; nous, nous sommes
« secs comme fagots, et pourtant ce seront eux
« qui brûleront. Leur soupe est bien grasse, la
« nôtre est bien maigre. Vous n'avez jamais

« goûté de vin de votre vie, et à eux il leur faut
« tous les jours des nouveaux vins dont les anciens
« ivrognes n'avoient point entendu parler, des
« Lunel, comme on le disoit dernièrement chez
« M. du Hameau. Eh bien ! ils ont leur tour
« aujourd'hui, mais nous aurons le nôtre un jour,
« et nous verrons lequel sera le meilleur. »

« Je lui fis observer que ce n'étoit sans doute
pas le moment, en un temps où l'on cherche à dé-
truire toute autorité, de couvrir ainsi d'opprobre
les riches et les seigneurs, dont il y en a tant de
pieux et de charitables. Mais il me répondit que
les pauvres étoient bien malheureux ; qu'il devoit
les encourager et les consoler ; et tant pis pour
les riches, conclut-il, si après avoir longtemps
joui du bonheur du siècle, ils en subissent un peu
les souffrances.

« Vous daignez, Monsieur l'Official, me dire
que Monseigneur s'inquiète de la situation des
maîtres d'école, et me demandez des renseignemens sur le mien. J'ose espérer qu'il s'estime
heureux et mérite de l'être.

« Je l'ai admis après un concours où dix con-
currens disputèrent, devant moi et les notables du
village, d'écriture, d'arithmétique et de plain-
chant. Ce fut lui qui dressa la plus belle page
d'école, résolut le plus promptement sa règle de

trois et chanta le plus proprement une antienne. Il ne se tire pas seulement à merveille de la lettre bâtarde, mais il connoît (ce qui est rare) la lettre ronde ou financière. Il ne se borne pas, comme beaucoup de ses confrères, à mettre les enfans au fait de leur signature et de leur psautier. Je lui ai persuadé qu'un homme de bonne volonté, qu'on a négligé d'instruire, est proprement un membre qu'on a retranché inhumainement de la société.

« Il gagne cent livres par an, reçoit trois sols par mois de ceux de ses élèves qui n'écrivent pas, cinq sols des autres. Il est aimé. Chaque riche fermier l'engage à dîner au moins deux fois l'an. On lui envoie quelques primeurs du jardin, le bon beurre de mai, le fromage fait sans épargne. Il est propre avec son pourpoint d'espagnolette, ses culottes de bon drap et ses guêtres de serge. Et enfin, chaque année, à la fin de juin, quand il ait son petit discours en fermant la classe et en renvoyant ses élèves travailler à la moisson, il s'exprime correctement et sans accent patois.

« Je reçois de votre grâce, Monsieur l'Official, l'annonce que vous daignez me faire de votre prochaine visite. J'ai tout lieu d'espérer que vous trouverez en ordre le sermon que je dois depuis si longtemps prononcer en présence de Sa Grandeur.

« La bienveillance dont vous voulez bien m'honorer m'enhardit à vous demander ce que je dois croire d'un bruit que M. de la Croix du Quenne me communique, comme le tenant de M. l'abbé Haigneré, secrétaire du chapitre, et d'après lequel le Roy songe à rendre à tous les Protestans l'exercice de leurs droits civils. Il paroîtroit d'après cela qu'ils ont perdu toute idée de rébellion contre l'autorité du Roy et la constitution de l'État. Si j'en crois une lettre de M. Sauvage, procureur en la séneschaussée du Boúlonnois, si j'en crois surtout M. Le Roy de Méricourt, notable pour les personnes nobles, qui est passé dernièrement par ici, avec quelques gazettes, le Roy seroit sur le point de convertir la corvée en une prestation d'argent. J'ose dire que cette mesure aliéneroit aux conseillers de Sa Majesté toute l'affection de nos campagnards, etc... »

V

En dessous de la noblesse et du clergé, dont j'essaie, d'après les mémoires de mon oncle, de montrer la position au bourg-village de Zotinghem, s'agitaient le tiers-état, la bourgeoisie rurale et les paysans.

A la tête du tiers, nous voyons M. l'intendant qui avait grand'peine à ne pas se ranger dans le corps de la noblesse, au quatrième degré, au-dessous de M. le marquis, de M. le chevalier de la Croix du Quenne et de M. l'écuyer du Hameau. Venait ensuite la justice seigneuriale, le bailli, le procureur fiscal, le tabellion garde-note ; l'avocat du bailliage, qui plaidait en chausses et donnait consultation au cabaret ; l'huissier, homme d'affaires, banquier et usurier ; les assesseurs du bailli, ceux qu'on appelait jadis les *hommes de plaids* et qu'on nomme aujourd'hui jurés. Nous trouvons encore le chirurgien de village, qui fait ses visites à pied et porte ses médicaments dans sa poche ; le barbier-apothicaire ; les bourgeois des villes voisines, petits rentiers établis à demeure dans la paroisse ; les gros bourgeois de Boulogne ou de Montreuil, qui y possèdent maison manable et tènement roturier ; enfin, les marchands du village, les fermiers à grosses bottes de la circonscription, les artisans, laboureurs, manouvriers, les gardes de la forêt voisine parmi lesquels mon oncle nomme le jeune Francelin Martecheu, comme particulièrement attaché à lui et à la famille des Ricault. Toute cette foule forme la commune.

Elle s'assemble le dimanche après la grand'

messe, au son de la cloche, devant la porte de l'é-
glise, sous la présidence du bailli. Le procureur
fiscal expose les sujets à traiter. On nomme les
collecteurs de la taille, le garde de la terre, le
pâtre, berger ou bouvier public, les syndics. On
discute les affaires de la communauté ; chacun
peut dénoncer les abus et proposer les choses
utiles ; on élit les notables pour veiller au bien général, pour défendre le bien communal ou les
droits particuliers contre les empiétements du décimateur ou du seigneur ; on tire au sort la
part qui revient à chacun dans les bois et prés
communs, etc.

Parmi les personnages qui tranchent sur la
masse et qui parcourent le village de mon oncle,
avec les allures les plus pittoresques, je trouve en
première ligne le frère quêteur des Capucins, qui
traverse la place, effrayant les enfants de sa longue
barbe, et le missionnaire que le R. P. Depoix,
gardien des Cordeliers de Boulogne, a envoyé pour
prêcher l'Avent. Je vois encore M. Bayard de Ber-
ville, parent de madame de la Croix du Quenne et
officier au bataillon de garnison du Boulonnois, à
qui son commandant, le comte de Salive, a
donné un congé de semestre, à condition que, selon la coutume, il ramènerait deux recrues au
corps. J'aperçois encore un milicien des régi-

ments royaux du Boulonnois, avec ses épaulettes noires, son collet rose, ses boutons blancs, ses revers et parements cramoisis, et qui se vante d'avoir deux sols et demi de solde par jour et le pain à discrétion. A côté de lui se place un ancien soldat, qui a fait les guerres d'Allemagne et pénétré jusque dans le Hanovre ; il est orgueilleux de son épée, suspendue au manteau de la cheminée, et on le vénère comme grand voyageur, car beaucoup de ceux qui l'écoutent n'ont été à la ville que pour le tirage de la milice, laquelle prend un homme sur dix. Il court après les passants, pour savoir les nouvelles ; il n'a point un sol vaillant, mais se trouve fier d'apprendre que les mers sont libres et que les bourgeois de Boulogne pourront manger de la morue en dépit des Anglais.

Voici le berger du village, un vieillard joyeux, avec une besace et un manteau troué, comme un philosophe, qui revient, le soir, en jouant du chalumeau et qui contrefait, aux veillées, pour le plaisir des fileuses, le bailli, le clerc, et jusqu'au curé.

Camarade, ce fol mystérieux, que nous retrouverons sous la Terreur, se promène dans le bourg, en choisissant, où il lui plaît, son repos et son gîte. Il est seul peut-être à ne pas redouter Marie-Barbe, la sorcière, qui a le pouvoir d'envoyer des rats dans les greniers, des taupes dans les jardins;

d'empêcher les gens de manger en mettant dans leur assiette l'aiguille ayant servi à coudre le drap des morts ; de tremper des balais pour faire pleuvoir ; qui sait donner la fièvre en cachant des nids d'hirondelles dans les lits ; faire périr les chevaux, en enterrant sous leurs pieds le foie grillé d'une vieille jument.

La paroisse foisonne encore de vieux fermiers qui ont conservé les grands bas bleus roulés sur le haut-de-chausses, au-dessus des genoux. Ils maintiennent les vieilles habitudes du pays et ils aident mon oncle à s'opposer à l'invasion de ce qu'il nomme le Démon de la gourmandise et dont les principaux attraits à cette fin de l'Ancien Régime paraissent être les denrées coloniales.

« Grâce à Dieu mon bon peuple ne tombe pas trop dans la mollesse. Le sucre reste encore chez le pharmacien. Les plus riches fermières seules en ont dans leurs armoires, pour les cas de maladie, quelque menue provision bien serrée à côté de deux ou trois bouteilles de vin. Sur les mille habitans de mon village, je suis convaincu que neuf cent cinquante n'ont jamais bu ni du vin ni du café. Le café n'est connu que des bourgeois qui y trempent leurs lèvres aux jours de grande fête, et, je le crois, bien plutôt pour pouvoir le dire à leurs voisins que par goût pour cette liqueur très-vilaine et enivrante. Le reste de mes paroissiens a bu du vin, par hasard. Je veux dire que les fermiers, en allant payer leur terme de Saint-Jean et de Noël à leurs propriétaires, sont reçus à dîner par celui-ci ou par son intendant, si le propriétaire est un seigneur, et ces jours-là on offre un verre de vin, après le cidre. Moi-même, aux jours de grande fête, je me laisse aller à cette prodigalité. Mais j'ai cru parfois être agréable à un petit fermier, qui m'avoit fait quelque corvée très-obligeamment et que je voulus récompensor en lui offrant un verre de vin, je notai curieusement qu'il buvoit toujours en faisant une grimace et en secouant la tête.

« Nous nous en tenons aux vieilles mœurs. Nos paysans ne mangent de la viande du boucher que lors des enterremens et des noces ; les riches fermiers en ont à leur table trois fois par an : le mardi gras, le jour de Pâques et le jour de la *Ducasse* ou fête patronale. Pour le café, je vois avec plaisir que les trois quarts de nos plus riches ménagères n'en ont jamais fait, mais ne sauroient même pas en faire. »

Bref mon oncle range le sucre et le café sur la même ligne de rareté et de recherche que le cacao, la canelle, le clou de girofle ; et il se félicite de ne pas voir ces somptuosités envahir sa paroisse, où

il se confine de plus en plus, car la ville l'afflige
chaque année davantage, et chaque fois qu'il en
revient il se répand en plaintes discrètes mais
très-expressives sur l'abandon des vieux usages.
Un jour il a vu des *bougies*, dont on entendit
parler, pour la première fois en France, dit-il,
en 1769. Une autre fois il a entendu dire que la
mode se répandait d'enseigner aux jeunes filles
riches la basse de viole. Il blâme amèrement les
bourgeoises d'usurper le droit qu'ont les femmes
de qualité de porter les boucles de souliers très-
haut, ce qui fait paraître le pied long et élancé,
tandis que jusqu'ici les bourgeoises avaient l'habitude de porter leurs boucles fort basses, ce qui,
il est vrai, raccourcissait fort le pied. «Ne savoient-
elles pas, et n'avoient-elles donc pas des mères
prudentes et un directeur zélé pour leur apprendre
que les pieds n'ont pas été donnés à la femme
chrétienne pour attirer les regards des libertins.
Mais la classe bourgeoise devient trop orgueilleuse.
Dans notre province les femmes de la plus haute
bourgeoisie, les épouses des magistrats prennent
communément le rouet pour filer après dîner, je
puis bien voir que cet exercice commence à sembler
vulgaire, et que feront-elles ? Elles se jetteront
dans la médisance, ou se livreront au jeu. Encore
ne veulent-elles plus garder les jeux qui étoient,

il y a vingt ans à peine, si à la mode, la mouche, la brisque mariée, le quadrille. J'entends parler de jeux qui nous sont envoyés par des peuples étrangers et dont le nom même est impossible à retenir, tant il est barbare et sonnant mal.

« Les hommes ne sont pas plus sages que les femmes. Au temps de ma jeunesse tout homme de cabinet étoit levé avec l'aurore et fesoit la méridienne après avoir dîné à midi. Aujourd'hui ils se lèvent sans règle et fort tard, si bien qu'on éloigne l'heure du dîner, après quoi l'on se contente de bâiller.

« Mais voici que je me surprends encore à commettre le mal que je constate chez les autres,

Meliora probo, deteriora sequor.

« Car ce qui m'afflige, c'est le sentiment de dénigrement et de critiques qui est répandu partout. Si je cause avec un homme de guerre, il me dit qu'on remarque que les officiers ont perdu ce sentiment de l'honneur qui au siècle dernier étoit le mobile de l'armée françoise. Si je m'entretiens avec un magistrat, il me dit que ce sentiment a aussi disparu de son respectable corps ; et l'on cite, en effet, des choses étranges et à faire rougir, de la corruption des jeunes conseillers du Parlement de Paris. Dans notre province les mœurs sont généralement pures et austères. Mais l'avidité grandit. Ainsi les charges de magistrature se payoient un prix tel que tous les émoluments, en y comprenant les épices, donnent trois pour cent du prix payé pour l'office de judicature, si bien que les magistrats — l'argent rapportant communément cinq pour cent — donnoient deux pour cent afin d'avoir le droit de dépenser leur temps et leur peine en faveur du pays. Mais voici que l'on commence à se plaindre de n'être pas assez payé.

« Ah ! le Seigneur m'en est témoin, c'est toujours avec un bonheur parfait que je reviens dans mon humble village où les fumées de l'ambition s'évanouissent si vite ! »

Bien des étrangers traversent ce sage village : c'est M. Destrée, notaire en la sénéchaussée du Boulonnois, qui vient lire un acte interdit au tabellion du bourg ; c'est M. Butor, en perruque ronde, médecin, que le chirurgien a dû faire appeler, sous peine d'amende arbitraire ; ce sont MM. Labassée, lieutenant de la maréchaussée ; Ternaux, garde-marteau des bois du Roi ; Mazurier, contrôleur ambulant du conseil d'administration du gouvernement ; Miramont, commis ambulant de la vicomté ; c'est l'arpenteur du seigneur ; l'*élu* ou son remplaçant, qui vient visiter les dégâts de la grêle ou de l'épizootie.

Tous ces étrangers vont, selon l'usage, demander l'hospitalité à la cure, où l'on tient table ouverte d'ailleurs ; car aujourd'hui vient Jean-Pierre, un malin paysan, que la foule a empêché d'aborder M. le curé au sortir de la grand'messe, et qui choisit l'heure de midi pour venir demander au pasteur des conseils, ou lui donner des nouvelles de sa famille. Demain, c'est cette heure-là aussi que choisira le gentilhomme oisif, chasseur ou agriculteur, pour venir reprendre la discussion sur les affaires provinciales, interrompue le dimanche précédent, à la sortie des vêpres.

Les événements graves sont rares à Zotinghem. Ils se confondent presque tous avec les fêtes de l'Eglise ; avec les processions des Rogations et de la Fête-Dieu, où le curé, précédé par les *chapeaux* (les hommes), et suivi par les *blancs bonnets* (les femmes), promène à travers les champs verdissants, et le long des haies fleuries, les bannières, le dais, le Saint-Sacrement ; avec le jour des Rameaux, où l'on place du buis sur les croix du cimetière ; avec le jour de la Toussaint, où chacun dit le chapelet, à genoux sur la tombe paternelle, tandis que M. le vicaire récite ses *libera*.

Mais parfois M. le curé revient de voyage ; M. l'archidiacre arrive ; un parent de M. le marquis visite le pays. Toute la paroisse se met sous les armes ; les cloches sonnent à volée ; les salves générales essaient de prouver l'amour du peuple pour l'arrivant, qu'on conduit à l'église ou au château, avec les bannières, les bouquets de fleurs et un compliment minuté par le clerc.

Puis, comme on commençait à s'occuper beaucoup de l'agriculture en l'an 1787, Messire Claude-François distribue des prix aux meilleurs cultivateurs, et il parle longuement, tandis que les anciens fermiers secouent leur tête chenue, des vaches d'Angleterre, des moutons d'Espagne, du lin, du chanvre et du colza, qui étaient des cultures inconnues jusqu'alors.

Ce n'était pas du premier coup que Messire Claude avait quitté le parti de ces hommes vénérables qui secouaient si bien la tête en entendant parler des cultures nouvelles.

« Chaque fois que je vais chez M. l'intendant, j'entends un mot qui semble être devenu fort à la mode, mais que je n'avois jamais entendu avant ces derniers temps. C'est le mot *Finances*. Chacun le prononce d'un air rogue et fier comme s'il répondoit à tout et renfermoit la destinée des Empires. Je crois que c'est un de ces mots nouveaux inventés, par jargon, et pour jeter de la poudre aux yeux de nous autres ignorans par cette secte des économistes que j'entends railler depuis plus de vingt ans et dont je me défie, car je vois en eux une tendance funeste à oublier le pouvoir souverain du Seigneur et à croire qu'ils peuvent se passer de la Providence quand ils auront réduit tout en chiffre et fait à propos de toute chose ce qu'ils nomment des *statistiques*.

« M. l'Intendant, dans ses voyages à Paris, a rencontré un des hommes célèbres de cette secte, qu'il nomme M. Dupont et qui est de la ville de Nemours. Ce personnage doit lui envoyer un de ses amis qui est chargé de chercher dans notre province Boulonnoise des élémens de cette chose qu'ils appellent, comme je disois, statistique. Je le vois venir avec une certaine appréhension dans notre pays. »

Quelques semaines plus tard mon oncle revient là-dessus.

« O vanité des jugemens humains ! Je l'ai vu ce M. Fourreau, l'*économiste* que je redoutois, que je croyois être un homme au pied fourchu, un franc-maçon, un libertin. Il est mon ami. Mais son aspect me trouble et me tourmente. C'est un homme très-froid, très-fier, très-orgueilleux. Il me déplut dès l'abord. Eh bien ! cet homme est un homme de bien et charitable. C'est pour le bonheur de l'homme qu'il travaille, afin que les princes de ce monde connoissent mieux les biens dont ils pourront faire profit à leurs sujets et afin que ceux-ci puissent utiliser ces biens que le Seigneur, dans sa miséricorde, a départis à ses enfans. Il veut, comme tous les honnêtes gens de sa secte, que la terre puisse produire davantage sans demander plus de labeur ; et ainsi les pauvres, tout en devenant plus riches, plus heureux, mieux portans, pourront avoir plus de temps pour s'instruire et pour élever, avec une volonté plus reconnoissante, leur cœur vers le Créateur.

« Mon vicaire de Laudincthun n'est point de mon avis là-dessus. Il pense que tout bien gît dans l'amour de Dieu, et que les âmes s'amollissent dans le bien-être. Mais je lui répons que l'amour du prochain est aussi un devoir et que le Seigneur nous a donné les biens de ce monde pour en jouir honnêtement, pieusement et laborieusement, sans aucun doute. Néanmoins il les a mis à notre portée. Il ne nous défend pas d'orner notre maison d'argile, pourvu que nous le fassions d'un cœur humble et rempli de gratitude et que nous ne perdions pas de vue les demeures du Père-Céleste où nous sommes attendus.

« M. Fourreau est un homme très-sçavant, j'ai toujours aimé à connoître, et je l'écoute avec un plaisir sensible. Je mets ici quelques-unes des choses que j'ai apprises de ses instructives conversations. En l'an 1700, la France comptoit 18,500,000 individus qui cultivoient 55 millions d'arpens de terre. Le numéraire en circulation étoit de 500 millions. Les produits de l'agriculture, du commerce et de l'industrie rapportoient 1150 millions, sur lesquels la France pouvoit économiser 150 millions.

« En 1740, la population étoit de 20 millions, les arpens en culture 60 millions, le numéraire 1 milliard, les produits 2 milliards 400 millions et l'épargne 500 millions. En 1784, la population avoit monté à 24 millions qui cultivoient 75 millions d'arpens. Les produits avoient monté, en proportion, jusqu'à 3 milliards, avec un numéraire en circulation de 2 milliards 500 millions et une épargne de 700 millions.

« Il mettoit en comparaison les dépenses. En 1700 le prix du pain étoit de 1 sol la livre, en 1740 1 sol 9 deniers, en 1784 2 sols 3 deniers. Le prix moyen des journées de travail étoit à ces trois époques 10 sols, 15 sols et 20 sols, le total des contributions 165 millions, 300 et 560 millions, ce qui mettoit pour la participation de chacun à l'impôt 9 livres, 15 livres et 22 livres 10 sols Quant à la consommation des productions étrangères elle étoit en 1700, 750 millions, 480 en 1740 et 650 en 1784.

« Il en concluoit que la France étoit dans un état prospère, et qu'il n'y avoit pas dans l'univers entier une contrée aussi bénie du Ciel.

« Mais il croyoit que la société ne se rendoit plus digne de ces bienfaits, et il disoit des choses qui me paroissoient observées avec une grande finesse : — « Voyez-vous, M. le Curé, nous marchons à une catastrophe et pour beaucoup de causes. Je ne veux vous signaler que celle-ci, parce qu'elle est *fondamentale*, c'est que la grandeur morale de la nation ne suit pas les progrès du bien-être. Il y a là, ce que les géomètres appellent manque d'équilibre, et il faut, au nom de la logique, qu'il y ait une *oscillation* violente pour que cet équilibre soit rétabli. Ainsi nous n'avons plus que le masque des vertus chrétiennes. On fait consister *la vertu* dans *l'honnêteté* qui n'est guère autre chose que la délicatesse et la grâce *du bon ton;* on confond *la bienveillance* avec l'urbanité qui n'en est que l'apparence ; on restreint à certains cas spécifiés l'exercice de *l'honneur* et on charge ce mot, ainsi étroitement compris, de remplacer le sentiment chrétien de la dignité et de l'autorité morale.»

« Je ne sçaurois partager ces idées. Mon ami M. l'économiste juge la France et la noblesse d'a-près une petite portion des courtisans et de la so-ciété philosophique de Paris. Pour mon vicaire de

Laudincthun, il tient tête à M. Fourreau, qu'il croit être un homme de petit esprit et à qui il prouve assez fortement, je l'avoue, que si les grands seigneurs sont coupables, comme il arrive souvent à ceux qui nagent dans l'opulence, ils seront punis, mais que le peuple de France, la noblesse de province, la bourgeoisie, le clergé sont, en très-grande majorité, remplis de vertus, de probité, de piété et de patience chrétienne. »

Mon oncle ne tarda pas à perdre de vue son économiste. Il rentre dans les détails de sa vie ordinaire. Il signale une grosse querelle qu'il eut avec le chanteur ambulant ; celui-ci ne se contentant pas de vendre les chansons connues, les récits de miracles et d'apparitions, les copies de lettres miraculeuses, le pain bénit de saint Nicolas de Tolentin, les billets de saint Donat, les cantiques de la sainte Chandelle d'Arras, s'était, pour la première fois, enhardi à fredonner des satires venues de Paris, contre le Roi et les seigneurs.

« Aujourd'huy, dit-il le 9 octobre 1787, l'on m'a appris, chez M. de la Croix du Quenne, un jeu aimable, que l'on nomme le loto, fort à la mode à la cour, et favorisé par Sa Majesté la reine, qui aime à le jouer avec madame la princesse de Lamballe, surintendante de sa maison et son amie. Je me réjouis bien à ce jeu, dont les difficultés ne dépassent point l'effort d'une intelligence ordinaire. Le vieil homme y eût volontiers passé quelques heures, mais Dieu me sauva de cette concupiscence, et M. l'intendant vint me distraire en m'apportant un monitoire de l'officialité, pour faire lire en chaire une lettre où l'on injurioit Madame son épouse. Le dimanche suivant, je menaçai d'excommunication tous ceux qui auroient des renseignemens sur ce fait, et ne les livreroient point à la justice. Nous apprîmes que cette lettre avoit été portée par un domestique de M. du Hameau ; mais il ne le voulut point confesser, malgré l'excommunication. Tant l'exemple de son maître avoit déjà entamé sa foi ! »

Messire Claude nous donne ensuite les renseignements les plus pittoresques sur les veillées, les *séries,* la vie journalière de ses paroissiens. Il s'étend minutieusement sur les sujets qui émouvaient la dissension parmi les curés du pays, sur le jansénisme, le prêt à intérêt, qui étaient, en **1787,** le grand cheval de bataille des théologiens. Je rencontre encore quelques traits curieux se rapportant à l'histoire littéraire, agronomique ou morale. . Mais cette analyse est déjà longue.

4.

J'espère avoir extrait de ces Mémoires des détails suffisants pour bien faire comprendre l'état d'un village à la fin de l'Ancien Régime.

Les derniers de ces détails, je les tirerai d'une longue conversation que mon oncle eut avec M. le chanoine de Méric de Montgazin, vicaire général, qui vint visiter la paroisse à la fin de l'an 1787. M. de Méric était accompagné d'un jeune abbé qui était le parent éloigné des Ricault, mais qui ne sut pas conquérir le cœur de mon oncle, qui mettait la charité bien au-dessus de la science. « M. le vicaire général m'a fait l'honneur de m'amener, dit-il, un cousin au seizième degré, de la branche des d'Escault fixée en Flandre. Je ne le connoissois point. On le nomme Robert-Balthazar d'Escault. Il porte le petit collet. Il est agrégé à la maison de Sorbonne. Il sait paroît-il, plus de vingt langues, dont la langue Chaldéenne. Il n'a pas l'intention de se livrer au ministère sacerdotal. — Eh ! M. l'abbé, ne pus-je me retenir de lui dire, pourquoi prendre un costume, si l'on n'en remplit pas les fonctions. La science est belle chose. Mais Notre-Seigneur est venu pour sauver et consoler les âmes, et pourquoi prendre le costume des pasteurs des âmes, si l'on repousse les devoirs du ministère pastoral. »

« M. le vicaire général me dit en souriant :

« — *Ite et docete*. Instruire est aussi fonction sacerdotale.

« Mais déjà j'avois gourmandé le vieil homme. Je m'excusai auprès de M. d'Escault qui étoit resté interdit, et je fis valoir l'abus qui est fait du costume ecclésiastique, adopté par bien des hommes qui, comme l'abbé Morellet, par exemple — un sorboniste comme l'abbé d'Escault, — ne croient même pas à la mission de l'Église dont ils possèdent les bénéfices. »

M. le vicaire général s'était montré satisfait du fameux sermon, quoiqu'il fût encore inachevé, et il offrit à messire Claude le premier canonicat vacant. Le vieil homme livra une rude bataille, mais il fut vaincu.

« Je suis né dans les champs; dans les champs je veux mourir. Dans le sein des villes, mon âme monteroit vers le Seigneur comme du fond d'une prison. Je suis le père spirituel, l'ami et le vieux compagnon de guerre contre le Malin de tous ces braves gens; seul, peut-être, — à Dieu soit la gloire, — je puis déjouer les trames sataniques de Bélart et de M. du Hameau. Peut-être sauverai-je mon pauvre vicaire. Il me faut la vue de ces bois, de ces plaines et de ces prairies pour réjouir mes yeux de vieillard, et tous les bruits auxquels je suis accoutumé. Je foule aux pieds Satan, son ambition et les pompes mondaines. Comment pourrai-je m'habituer à porter la soutane, moi qui vis ici en habit court ! Non, je mourrai en paix au sein de ces braves gens qui m'aiment, au milieu de ces vallons tranquilles, loin de la corruption des villes, et je monterai vers le Seigneur, escorté par des prières dites avec cette prononciation patoise que je n'ai jamais pu déraciner. »

Hélas ! le doux et saint homme, il allait bientôt être obligé de quitter ces vallons tranquilles. Quoiqu'on n'entendît pas encore, dans les champs boulonnois, le moindre bruit d'orage, la grande tempête grondait déjà, qui devait emporter le pauvre prêtre et qui lui réservait une fin si mystérieuse.

CHAPITRE II

LA RÉVOLUTION AUX CHAMPS.

I

Les notes de messire Claude sont très-brèves
sur les premiers temps de la Révolution. Mais,
dans leur ensemble, elles peignent naïvement la
physionomie du clergé rural à cette époque ; et,
outre ce qu'elles nous offrent de renseignements
minutieux ou inédits sur la province boulonnoise,
elles développent fidèlement, d'une façon pitto-
resque, parfois dramatique, l'histoire champêtre
du nord de la France pendant cette révolution.

« J'ai achevé d'écrire mon sermon, dit-il au
printemps de l'an 1789. Le vieil homme qui est
en moi a été satisfait quand je l'ai relu. A Dieu
seul soit la gloire.

« Je me suis rendu en notre ville cathédrale.
J'ai cru, en arrivant dans Boulogne, qu'il venoit

de s'y passer un événement. Je me suis enquis ;
il ne s'est rien passé. Je ne puis m'expliquer cet
air si affairé que montrent les hommes qui sont
dans les rues, et l'apparence de préoccupation —
quoique dissimulée par la politesse — que j'ai
observée chez ceux de nos parens ou amis à qui j'ai
eu l'honneur d'aller présenter mes devoirs.

« M. Siriez de Bergues, que je sondai sur ce
fait, me dit qu'il en étoit toujours ainsi maintenant
dans la ville, et que Boulogne actuellement pré-
sentoit tous les jours l'apparence qu'elle avoit autrefois pendant seulement les jours qui précédoient
les renouvellemens de la loy, c'est-à-dire les
élections de maire et d'échevins.

« Il se tut après ces paroles, et par politesse,
je ne lui demandai nulle explication.

« Je montai au palais épiscopal. Monseigneur
me reçut avec une grâce parfaite. Je vis bien qu'il
désiroit me faire parler de la politique, et je me
hazardai à lui demander pourquoi les Etats rassemblés à Versailles prenoient tant d'importance
et faisoient tant de cérémonies :

« Il ne s'agissoit, dis-je, que de donner l'argent ;
il faudroit toujours en venir là ; ne valoit-il pas
mieux en finir de suite ? »

« Monseigneur sourit avec une certaine tristesse.

« — Vous ne recevez point les gazettes, Monsieur le curé ? me dit-il.

« — Dieu m'en garde, Monseigneur, répondis-je. Pourquoi irois-je me mêler au gouvernement des empires, moi qui n'en ai point reçu mission et qui ai grand'peine à gouverner chrétiennement ma paroisse ? Pontas et Tournely, les *Conférences d'Angers*, et quand je veux détendre l'arc, Virgile, Cicéron ou Térence, les *Caractères* de la Bruyère, les *Œuvres* de Bossuet et de Fénelon, suffisent à entretenir mes pensées.

« — Heureux êtes-vous, Monsieur le curé, et c'est vraiment le temps où on comprend le bonheur de ceux qui vivent aux champs, loin des inquiétudes des affaires présentes et des inquiétudes plus grandes encore de l'avenir. Hélas ! non, il ne s'agit pas seulement, pour les Etats, de donner de l'argent, Monsieur le curé. »

« Le respect ne me permit pas de chercher l'explication de ces paroles.

« Monseigneur me congédia avant que j'eusse pu trouver l'occasion de lui présenter mon sermon.

« Je descendis à la basse ville pour remercier M. La Foirez Saint-Amour des gros et excellens harengs saurs qu'il m'a bien voulu envoyer, selon son usage, au commencement du carême. Il me parut, lui aussi, inquiet. J'imaginai qu'il s'agissoit de faits relatifs à son commerce.

« La délicatesse m'empêcha de lui demander nulle explication.

« Bref, la ville me sembla bien changée. Je ne sais quand je serai appelé à prêcher mon sermon. »

« 5 *juin* 1789. — Je me rendis hier à Samer, à notre dîner habituel de *Frérie*, — comme on dit dans la province du Perche, à ce qu'assura M. le curé de Beussent et Enguinnehault, qui y fut chapelain de seigneur. — J'y portai mon sermon pour le communiquer à mes confrères, mais il n'y eut pas moyen. Il paroît, en effet, que l'assemblée de Versailles n'a pas seulement pour but de donner de l'argent, mais aussi de réformer les abus.

« Dieu soit béni ! » m'écriai-je.

« Je vis que cette exclamation étonnoit plusieurs de mes confrères, mais ils se turent. Manifestement, sur vingt prêtres qui se trouvoient réunis, les trois quarts pensoient, comme moi, qu'il y avoit grand nombre d'abus à réformer, dans l'ordre ecclésiastique surtout, et particulièrement sur la résidence des évêques ; sur les prélats qui suivoient trop la corruption des cours, oubliant leur caractère pastoral pour leur position politique dans l'État ; sur les vocations religieuses, qui, au grand détriment de l'Eglise et de la morale, étoient trop souvent dirigées par l'ambition ou l'accommodement des parens ; sur les nominations aux siéges épiscopaux, où la noblesse étoit plus requise que la sainteté ; sur les abbayes en commende, dont les revenus alloient entretenir le luxe des grands seigneurs, tandis que les moines ou mouroient de faim s'ils étoient cloîtrés, ou, s'ils étoient libres, couroient les gentilshommières, et ne pouvoient ni entretenir leurs églises ni secourir leurs pauvres. Toutefois, Dom Mouton, prieur de l'abbaye des Bénédictins de Samer, homme vif, mais pieux et bon, et mon ami, me dit :

« Je ne saurois, monsieur le curé, bénir aussi ardemment le Seigneur des réformes qu'on nous prépare.

« — Eh ! monsieur le prieur, lui dis-je avec un peu de la vivacité du vieil homme, c'est vous plus que tout autre que ces réformes devroient réjouir. Nous pouvons ouvrir nos cœurs entre nous comme devant Notre-Seigneur. Que de fois ne vous ai-je pas entendu gémir sur votre église, dont vous ne pouvez même pas entretenir le chœur, tandis que M. de Mérinville, un étranger, reçoit par an neuf mille livres sur douze mille dont se composent vos revenus ! Ne vous ai-je pas vu désolé sur votre abbaye, l'illustre abbaye de Saint-Wulmer—aux-

Bois, la première de la Morinie, qui comptoit jadis des centaines de religieux pieux et savans, et qui maintenant n'en renferme que cinq...

« — Point pieux ni savans, murmura une voix que je crus reconnoître pour celle de mon jeune vicaire.

« — Que de fois aussi ne vous ai-je pas vu pleurer, continuai-je, sur ces religieux indignes, dont les fautes les plus vénielles sont de quitter leur habit pour courir les champs, les chasses et les festins avec les gentilshommes du voisinage !

« — Ah ! s'écria Dom Mouton en secouant le front, la réforme ecclésiastique, je l'appelle de tous mes vœux ; mais la réforme politique, que nous donnera-t-elle ? Nous savons le bien que nous avons ; pouvons-nous deviner le mal qui nous viendra ? Dans ce bourg, malgré l'invasion de la philosophie et les mauvais exemples de quelques religieux, à côté de l'impiété il y a une grande dévotion, parce que nous parlons souvent de Dieu, du bien, de la vertu, et que, pour un méchant prêtre, il y en a dix qui sont saints. Mais je me défie d'une réforme faite par une assemblée, pour les trois-quarts laïque, et en grande partie imbue des idées impies de ce siècle. Elle empor-tera le corps avec la plaie, la religion avec les re-ligieux ; elle commence déjà à affoiblir cette antique monarchie qui nous protége parce que nous faisons corps avec elle.

« — Pour notre malheur ! s'écria brusquement mon curé-vicaire perpétuel de Laudincthun, qui, malgré sa sainteté, étoit un partisan de tout ce que faisoit l'assemblée de Versailles. Pourquoi l'Église, qui est immortelle, fait-elle corps avec ce qui est périssable ? La protection que la monarchie nous a donnée, elle nous l'a fait payer cher en nous faisant partager les vices de sa constitution. Il n'y a plus de réforme purement ecclésiastique qui soit possible ; cela étoit bon pour le temps passé, où l'Église étoit indépendante. Maintenant, le corps ecclésiastique et le corps politique ne font qu'un en France ; il faut une réforme politique pour corriger la discipline du clergé. Au lieu de rester l'Église catholique, nous avons voulu devenir l'Église gallicane, et on a fait de cette Église un ordre dans l'État ! Nous serons attaqués comme la monarchie, comme la noblesse ; cela sera juste. Aussi longtemps qu'on se contentera de nous tourmenter dans notre état temporel, non point dans notre caractère, dans notre ministère ou dans notre foi, je dirai sans doute : « Malheur à celui par qui la persécution arrive ! mais que Dieu soit béni qui veut nous purifier. »

« Il y eut un moment de surprise après cette

déclaration, dont M. des Aunoys, curé de Hesdin-l'Abbé et doyen de Samer, blâma la hardiesse.

« Ce fut la première fois, — je veux me remémorer cette date, 5 juin 1789, — que les discussions sur la politique eurent lieu parmi nous.

« J'observai la physionomie de M. Ribersart, mon jeune vicaire, l'ami de M. du Hameau. Il voulut prendre la parole ; mais sur le conseil que lui donna M. Roche, curé d'Alquines, son compagnon d'études, il se tut. Je vis bien qu'il ne s'agiroit point de mon sermon ce jour-là.

« Je me rendis à une demi-lieue de Samer, au village de Questrecques, où demeuroit mon neveu Charles-François de Ricault de Lignières. Je le trouvai heureux, tout entier à sa jeune famille déjà nombreuse, et à la culture de son domaine des Champs-Greslins. Il n'est point fort accommodé des biens de ce monde, mais il sait se plier aux nécessités. Il m'a dit qu'il se fait le plus petit qu'il peut, car il sent venir l'orage.

« Beaucoup de mes voisins, me dit-il, M. Geneau du Fort-Manoir, le propriétaire du Fort, là, à côté de moi ; mademoiselle de Questrecques, qui demeure au château ; et les Tutel de Guémy, seigneurs de Wierre-aux-Bois, regretteront un jour que le bon Dieu ne les ait pas forcés à se cacher dans la foule des petites gens, avant que les

petites gens ne s'avisent de regarder avec colère
ceux qui sont au-dessus d'eux. Vous voyez, à
côté de la tourelle, cette brique noire, continua-
t-il à voix basse, en me montrant son colombier ;
il y a là une grande cachette, qu'on ne sauroit
découvrir qu'en démolissant la maison ; elle peut
contenir six personnes. Le temps viendra où elle
sera trop petite. »

« Je m'émerveillai du grand chemin que les
pensées d'inquiétude avoient fait depuis quelque
temps : Je les attribuai aux vapeurs que la philosophie avoit mises dans tous les esprits ; car chez
nous et autour de nous tout étoit calme.

« Toutefois, je crus que, étant appelé à donner
des avis aux autres, il importoit que je fusse instruit
des choses de la politique, puisque je ne devois
plus seulement conduire mes bons paroissiens
vers le ciel, mais le long des chemins tortueux de
ce méchant monde. Aussitôt que je fus rentré en
ma maison curiale, j'envoyai, après avoir gémi
devant le Seigneur de cette amère nécessité, une
missive à Dolet, libraire à Boulogne, pour lui demander de m'envoyer dorénavant une gazette, lui
laissant le choix. »

II

C'est ainsi que commença la Révolution pour Messire Claude-François.

Un mois après, environ, c'est-à-dire huit jours avant la prise de la Bastille, mon oncle s'écrie :

« Dieu soit loué ! M. du Hameau a quitté le pays. Il a essayé, depuis un mois, de faire, comme ils disent, un *club*, ce qui est un mot anglois signifiant un endroit où les gens de mauvaise vie se réunissent pour boire, fumer, chanter, débiter des obscénités et des imprécations contre l'humanité. Singulières gens que ces Anglois ! Mais M. du Hameau n'a point réussi, et son *club* ne contenoit que ses domestiques et quelques ivrognes qui, entraînés par l'habitude, chantoient des complaintes ou des cantiques. Ce *club* a eu pour bon résultat de mettre les novateurs au ban du païs. Dernièrement, dans un dîner de noces, Bélard ayant voulu prêcher les idées nouvelles, constitutionnelles, comme on dit, on lui a répondu:

« — Nous ne sommes point encore assez saouls pour t'entendre ; va au *club* en attendant. »

« Hier donc, madame du Hameau est venue me faire ses adieux. Elle m'apprit que son mari avoit reçu la veille un exprès de Paris, qui sans doute l'appeloit dans cette ville, car il étoit parti immédiatement par l'une des trois diligences de la route d'Angleterre à Paris. Il avoit recommandé à sa femme de le suivre aussitôt après avoir pris les arrangemens nécessaires pour qu'on vendît tout ce qu'ils possédoient dans le pays.

« J'ai chanté du fond de l'âme un cantique d'action de grâces à Notre-Seigneur. Mais je faillis à me repentir, car je vis que la digne dame pleuroit les grosses larmes.

« Après beaucoup d'hésitation et de sanglots, elle me demanda, à voix tremblante, si la religion permettoit à une femme d'abandonner un mari coupable, libertin, se préparant à commettre les plus grands crimes contre Dieu et le Roi. Je lui répondis vivement que non, et n'en voulus pas entendre davantage, sinon en confession. Elle me dit qu'elle venoit d'avoir une longue conférence avec mon curé de Laudincthun. Puis elle versa un torrent de larmes, et, se jetant à mes pieds, m'assura qu'elle n'oublieroit jamais mes bontés, et qu'elle seroit toujours prête à risquer sa vie pour moi et les miens.

« Qui sait, murmura-t-elle, si un jour je ne pourrai pas faire beaucoup! Mon mari m'a toujours respectée, et... »

« Elle me laissa surpris comme un fondeur de cloches. Mon étonnement augmenta quand j'appris que le saint curé de Laudincthun étoit tombé malade après avoir confessé la bonne Madame du Hameau. (Note postérieure. — Il fut plus de huit jours à se remettre.) Le vieil homme essaya de me persuader qu'elle lui avoit révélé des crimes horribles que M. du Hameau se préparoit à commettre, et que le secret de la confession l'empêchoit de dévoiler, même pour le salut de la France. »

« 19 *août* 1789. — Beaucoup de mes confrères se sont rencontrés à Boulogne, au pèlerinage de Notre-Dame, qui a lieu tous les ans, à la date du 15 août. Ils décidèrent de se réunir au doyenné de Samer pour aviser à ce qu'il conviendroit faire après les gros événemens arrivés depuis le commencement de ce mois, en conséquence de la nuit du 4 août.

« On a aboli la seigneurie de la noblesse, les redevances, la justice seigneuriale ; on a aussi aboli les dixmes.

« Personne ne s'attendoit et ne pouvoit s'attendre à un si grand bouleversement. Quand M. de La Croix du Quenne et mes autres voisins, mal disposés pour les idées nouvelles, disoient que ce 'nétoit pas de l'argent que l'assemblée vouloit, ni seulement réformer les abus, mais qu'elle vouloit *régénérer* la France, nous croyions qu'ils avoient des vapeurs dans l'esprit, qu'ils étoient aveuglés par l'inimitié ; et eux-mêmes ils croyoient que cela se feroit lentement. Cela s'est fait tout d'un coup.

« M. du Hameau nommoit la cause mystérieuse de tous les événements la *Révolution* ; il disoit que la Révolution est un principe. Il parloit de la Révolution comme d'un pouvoir actif et supérieur, tout ainsi qu'on parle de Dieu et de la Providence. Il faut qu'il y ait là quelque chose ; mais je crois comprendre que la Révolution c'est le pouvoir de Satan, dont les philosophes ont fortifié le règne en ce siècle. Ainsi parloit-on dans bien des châteaux. »

« 20 *août* 1789. — Il y avoit un si grand nombre de prêtres au doyenné de Samer, que l'on fut obligé de nous ouvrir les grandes salles de l'abbaye. C'étoit comme un petit concile rural. On ne décida rien. Mais je pris plaisir à étudier les idées de chacun, car notre réunion peut bien être tenue pour représenter, avec fidélité, toutes les variétés d'opinion du clergé dans le nord de la France.

« Il me tomba dans l'esprit que l'on pouvoit établir cinq catégories.

« Le plus grand nombre voyoit maintenant d'un mauvais œil tout ce qui se faisoit. Dom Mouton, prieur de l'abbaye ; M. des Aunoys, doyen d'une famille noble du pays ; M. Roussel, curé de Samer ; l'abbé Séguin ; un digne Récollet de Boulogne, de passage chez nous, le père Antoine étoient à la tête de ceux-là, et ils disoient :

« Tout se fait contre la volonté du Roy, si sage, si bienfaisant et si vertueux. On dit que c'est au nom de la nation ; mais quel droit la nation a-t-elle contre le Roy et sans le Roy ? D'ailleurs ce n'est point la nation qui nous dirige, mais le tiers-état qui avoit été nommé comme corps et non point comme nombre, et qui abuse du nombre pour annihiler le reste de la France, la royauté, la noblesse et le clergé. Ce n'est point même le tiers qui nous mène, mais la canaille parisienne, devant laquelle il tremble. Si bien que les destins de la religion et de la monarchie sont remis aux mains de quelques libertins comme ce vicomte de Mira-beau, dominés à leur tour par tout ce qu'il y a de plus ignorant, de plus crapuleux, par les ivrognes, les débauchés, les bavards, les ambitieux et les mé-chans des faubourgs parisiens. Vous connoîtrez l'arbre par les fruits ; et voyez comme les blas-phémateurs et les impies lèvent la tête et mena-cent de la faire baisser aux honnêtes gens ! Voyez comme les mauvaises doctrines se répandent, comme les mauvais livres se distribuent ! Ce sont les bons qui tremblent. On nous a pris nos dixmes, nous en faisons volontiers le sacrifice (ce n'étoit point vrai pour tout le monde) ; mais après avoir détruit les dixmes, on détruira la religion. »

« D'une autre part, quelques vieux curés de campagne, pieux, simples et charitables, se montroient, sinon partisans de tout ce qui se faisoit, du moins pleins d'espérance. Ils n'étoient point contens sans doute de ceci, qu'au lieu de se borner à accorder à l'erreur la tolérance, on lui accordoit la même protection qu'à la vérité. Mais le fonds de la Révolution leur plaisoit, car ils y voyoient la fraternité, l'amour des pauvres, le soulagement des humbles, la justice pour les petits, l'égalité, c'est-à-dire la même chance pour tous de profiter des dons de Dieu et des quelques joies répandues en cette vallée de larmes. Mon curé de Laudincthun, qui étoit à la tête de cette petite bande, faisoit valoir avec force, tout ce qui, dans les déclarations de l'assemblée, prouvoit qu'elle s'inspiroit des pures doctrines chrétiennes et des enseignemens que l'Église avoit toujours cherché à faire prévaloir.

« Le parti des jansénistes, à la tête duquel se trouvent les Oratoriens de Boulogne, paroissoit hésiter : il attendoit la suite des événements. Mais il inclinoit toutefois vers les idées de la Révolution, car il avoit toujours, à l'exemple du parlement, été sourdement hostile à la monarchie, qui avoit fait prévaloir la bulle *Unigenitus;* et il y avoit au fond de ses conseils un je ne sais quoi, comme dit l'illustre évêque de Meaux, qui inclinoit, *stupendum!* à la République. Il avoit toujours, d'ailleurs, été contraire à l'organisation actuelle de l'Église de France, laquelle église est, dans sa grande majorité, sourde au jansénisme.

« Il existoit un quatrième parti, qui nous déchiroit le cœur; il comptoit quelques jeunes prêtres, comme M. Ribersart, mon vicaire ; M. Roche, curé d'Alquinnes ; plusieurs religieux, comme Dom Rivart, Dom Pouilly, Bénédictins de Samer, et d'autres qu'il n'est point utile de nommer, lesquels, soit étourderie, soit foiblesse, ambition, corruption philosophique ou libertinage, se laissoient aller sans résistance au torrent.

« Enfin, on voyait un cinquième parti, qui se composoit de quelques vieux curés comme moi, dont l'humble intelligence n'osoit se hasarder aux affirmations, qui hésitoient entre le bien et le mal qu'ils voyoient produits par cette Révolution. Car il est bien vrai que si l'on constatoit la diffusion des inquiétudes et des mauvaises doctrines, on sentoit autour de soi un souffle de charité, de générosité et d'enthousiasme. Nous nous disions que le bon Dieu agitoit en ce moment, dans les secrets desseins de sa Providence, l'avenir de notre pays, à savoir si le mal l'emporteroit sur le bien ; et nous priions le Tout-Puissant, avec des larmes ferventes, pour qu'il dirigeât dans les droites voies ce grand mouvement qui paroissoit devoir être, dans quelque sens qu'il se tournât, d'une si grave conséquence. Je puis dire avec sincérité, pour moi et pour bien d'autres prêtres, qu'il ne se passa dès lors pas un jour sans que nous n'ayons supplié Notre-Seigneur de ne pas faire de cette Révolution l'ennemie de notre foi, et qu'elle se bornât, s'il le falloit, à prendre nos biens.

« M. le doyen nous dit de la part de Monseigneur qu'il falloit attendre avec prudence et charité ; que sans doute l'avenir étoit menaçant et qu'il étoit sage de tenir, dans le doute, aux anciennes idées politiques, mais que les nouvelles n'étoient pas encore assez déclarées pour que nous fussions décidément hostiles ou favorables.

« Je remarquai deux choses : la première c'est que l'influence des gazettes et des événemens s'exerçoit sur nous à notre insçu. Ainsi, dans notre première réunion, nous n'avions agité que des questions purement religieuses ; dans celle-ci nous pensâmes singulièrement à la politique. Je notai aussi que mon vicaire, qui étoit sombre depuis le départ de M. du Hameau, avoit, en se retournant avec moi, une face de jubilation :

« — *Omne regnum in se divisum*, me dit-il après avoir pris un air de commisération hypocrite ! si toute l'Église de France agit avec cette même incertitude et ce même esprit de division que nous venons de montrer, monsieur le curé, ne peut-on pas dire que c'est, humainement parlant, un établissement qui penche vers sa ruine ? »

« Je compris la joie mal dissimulée de M. Ribersart ; mais je fis taire en moi le vieil homme et ne répondis pas.

« J'étois d'ailleurs occupé à réfléchir aux paroles de mon neveu Charles-François que j'avois été voir à Questrecques. Il m'a montré d'un geste furtif la plaque noire de la cachette, et il m'a dit :

« Je n'ai pas été mauvais prophète jusqu'ici. Vous avez entendu parler de toutes ces violences, de tous ces crimes, de ces incendies, de ces assassinats. C'est le commencement. L'autorité hésite à les réprimer aujourdhuy ; demain elle n'osera plus ; après-demain elle les commandera, parce que ce sont les brigands qu'on ne punit pas aujourd'huy qui deviendront les seigneurs, les maîtres et les juges. Ils jugeront au nom de leur brigandage, à cette heure impunie. C'est leur méchant instinct qui sera la loy bientôt, et ce seront les honnêtes gens qui seront les coquins ; on les enverra sur les galères du Roy, ou on les pendra uniquement à titre d'honnêtes gens. Moi je me fais tout petit paysan, ne voulant pas me faire grand coquin, ce qui seroit le plus sage. »

« Je lui dis, comme la dernière fois, qu'il avoit les vapeurs. Et je m'en revins à ma cure de Zotinghem, en pensant que, de vrai, mon neveu étoit un personnage bizarre, sombre, aimant la solitude et les idées mystérieuses, mais sage en ses réflexions et porté à approfondir les choses. »

« 21 *août* 1789. — Il m'est venu ce matin une députation très-nombreuse. Tous les fermiers et marchands de ma paroisse y étoient représentés. Mon curé de Laudincthun se trouvoit en ma compagnie. Pierre-Marie Descarrières, qui passoit pour le gros bonnet du pays, prit la parole, du consentement général, et il me dit :

« — Vous avez toujours été bien aimé dans les environs, monsieur le curé ; nous avons confiance en vous, et vous le méritez. Nous sommes venus vous demander ce qu'il faut penser de ces nouvelles histoires. Vous êtes sage et homme d'expérience, et savant. Nous ne connoissons point le fond des choses. Toutes ces nouveautés nous tombent sur

la tête comme une grêle de coups; nous en sommes
comme des ahuris; nous ne savons d'où ça vient,
ces idées-là, ni où ça va. Faut-il nous y opposer
ou point? Jean Bélard nous dit qu'on va prendre
leurs biens aux nobles et aux prêtres, pour les
donner aux femmes; ce seroit agréable, mais ce
n'est point juste. En surplus, il dit la même chose
à nos manouvriers, aux journaliers, aux petits
ménagers, si bien que tous ces gens-là pourront se
croire en droit de prendre notre avoir, comme
nous aurions pris celui des notables. Nous ne voulons point de ça. Encore on nous dit que, par delà,
au nom de ces nouvelles idées, on tue, on brûle,
on pille. Nous ne voulons point de ça non plus.
D'autre part, si nos efforts ont pour fin de conserver à M. le marquis son taureau banal, son moulin banal, tous ces droits qui sont si gênants pour
nous; et si nous nous *décarcassons* tant seulement
pour que M. de la Croix du Quenne ait le droit de
rester exigeant, fier et brutal sur la chasse, ce n'est
point la peine de nous mettre en avant. Qu'est-ce
donc qu'il faut penser et faire? »

« J'hésitai à répondre. Mon curé de Laudincthun,
après m'en avoir du regard demandé l'autorisation,
se leva et répondit :

« — Mes amis, ne vous opposez point aux lois.
Nous sommes tenus de les respecter jusqu'au mo-

ment où elles sont contraires à la volonté de Dieu. Nous ne voyons pas qu'elles en soient arrivées là. Elles ne vous disent pas de prendre le bien des anciens seigneurs, mais seulement que ceux-ci ne sont pas plus que vous, qu'ils doivent contribuer comme vous aux charges du pays et ne pas profiter d'une plus grande part des bienfaits de la nation ; elles disent : « La justice doit être égale pour tous, et tout le monde doit être récompensé ou puni selon ses mérites. » N'est-ce pas selon la raison et la religion ?

« Il est vrai que dans certains pays on a été méchant, cruel même contre les prêtres et les nobles. Il n'y a pas, comme on dit, moyen de faire une omelette sans casser les œufs. Ceux qui se sont révoltés avoient peut-être été longtemps tourmentés, et en surplus, la mauvaise façon dont les méchans se servent des bonnes choses ne prouve rien. Vous, vous avez toujours été bien traités, vous êtes de braves gens ; vous ne ferez du tort à personne. Mais vous garderez les nouveaux droits qu'on vous reconnoît et qui sont justes. Seulement, défiez-vous des hommes comme Jean Bélart, ce sont eux qui mettent le trouble. Il n'est point du pays ; il n'a rien à y voir. Il est de ces gens ambitieux qui montent sur votre dos pour être plus haut, pour mieux attirer l'attention et crier plus fort, et qui vous écrasent et vous jettent à terre quand ils n'ont plus besoin de vous.

« — C'est juste, ça, murmura la foule.

« — Et c'est bien votre avis, monsieur le curé? demanda Pierre-Marie.

« — Oui, mes enfants, sauf ce que l'avenir pourra nous apprendre.

« — C'est bien ; donc nous nous conduirons en conséquence. Mais je veux vous dire encore que nous avons souvent crié contre la dixme ; c'est l'usage, vous le savez bien, et il n'y a point de bon marché sans débat et sans marchander. Mais il a été convenu entre nous que nous ne profiterions point de la nouvelle loy, et que nous vous servirions votre dixme comme par le passé. »

« Les larmes me remplirent les yeux.

« — Non, mes enfants, m'écriai-je d'une voix entrecoupée par l'émotion, non ; je saurai, moi aussi, me courber aux nécessités de la loy. On nous dit que la nation va nous donner douze cents livres par an. Cela me suffira bien. Seulement, mes enfants n'oubliez pas que vous devez être plus charitables que jamais, et faire aux pauvres le bien que je ne pourrai plus faire moi-même.

« — Il a encore été convenu de vous dire, monsieur le curé, reprit tranquillement Pierre-Marie,

que vous pouviez toujours compter sur nous et que
personne ne vous nuira sans nous avoir à dos. »

(Note postérieure. — « Jean Bélart, voyant qu'il
ne réussissoit point avec les fermiers, chercha à
racoler et à irriter les pauvres gens, les oisifs, les
ivrognes, tous ceux que M. du Hameau avoit commencé à corrompre. Mais il paroît qu'un soir, un
homme (je soupçonne que c'est *Camarade*, le fol,
pas si fol qu'il le paroît) lui donna une telle volée
de bois vert, comme disent les auteurs, qu'on ne
le revit plus à Zotinghem. Il resta dorénavant à
Montreuil, où il est un des chefs redoutés de la Société populaire). »

« 25 *août* 1789. — M. le chevalier de la Croix
du Quenne est venu me présenter ses complimens
d'adieu. Il m'a confié que Monseigneur le comte
d'Artois a envoyé dans tout le pays des émissaires
pour conseiller à la noblesse d'émigrer en masse.
M. le marquis de Zotinghem est parti des premiers.
M. de la Croix du Quenne m'assure que tous les
jeunes seigneurs du voisinage vont émigrer avec
lui : MM. de Lozembrune et de Thubeauville, les
deux fils de M. de Caumont, les deux fils de M. de
Tutil de Guémy, le fils de M. du Wicquet de
l'Enclos, M. Le Roy de Méricourt. Mais les vieillards restent et blâment ce départ.

« M. de Bedoult, mon parent, et M. de Tutil de Guémy ont répondu, non sans sévérité, à l'envoyé de Monseigneur :

« — Les gens de ce pays se sont bien conduits jusqu'ici. Qui les dirigeroit et les encourageroit si nous les abandonnions, nous qui avons été leurs maîtres et qui sommes leurs guides naturels? »

«M. de la Croix du Quenne, en me recommandant madame son épouse, qui resté céans, m'assura que ce ne seroit pas pour longtemps, et qu'il alloit bientôt revenir après avoir mis toute cette canaille parisienne à la raison.

« Ainsi, voilà toute la noblesse qui a quitté ma paroisse, les uns pour prendre part à la Révolution, les autres pour la châtier. Dieu veuille que le clergé ne soit pas un jour obligé d'imiter les seigneurs ! Que deviendroit alors le tiers-état, malgré ses vertus, et qui est-ce qui défendroit le pauvre peuple ignorant, sensible et irritable, contre les piéges des habiles hommes et des méchants? »

C'est ainsi que, d'une façon qui m'a paru naïve, sincère et assez inattendue, Messire Claude-François dépeint les débuts de la Révolution dans les villages du Nord.

III

Je voudrais abréger cette analyse ; je ne suivrai pas les Mémoires de mon oncle dans l'étude des deux années qui suivirent. Les illusions s'en vont peu à peu, même de l'âme candide et charitable du curé de Laudincthun. La tyrannie se resserre autour du clergé. Le moment arrive où chacun se trouve comme enterré vif, où l'air respirable manque, si je puis dire, dans le monde moral. Les plus honnêtes gens, les plus sincères, les plus paisibles, ne savent plus que dire, que faire, que penser. Les plus intelligents ignorent par quel moyen ils pourront sauver leur vie. Les plus fiers n'entrevoient plus que l'apostasie, la lâcheté, et encore ce moyen est-il insuffisant. Les plus innocents n'ont pour se protéger que la fuite, et l'on ne peut fuir. Messire Claude-François nous indique tout cela naturellement, et presque sans le vouloir.

« En juillet 1790, le décret sur la constitution civile du clergé creusa un abîme entre la religion et la Révolution.

« En novembre 1790 parut la loi qui priva de

toute fonction et traitement les prêtres qui ne con-
sentent pas à prêter serment à cette constitution
schismatique. Dieu m'est témoin que je ne voudrois
point manquer à la charité ; mais je ne puis m'empêcher d'attribuer cette loy à l'influence des jansénistes, qui bénissoient tout ce qui pouvoit séparer
l'Église de France du Saint-Siége et contribuer à
créer une Église nationale. Aussi prêtèrent-ils aisément le serment civique, et l'ordre de l'Oratoire
donna l'exemple. (Notre-Seigneur le punit, et
nous vîmes des Oratoriens, à Boulogne, se faire
les ministres des folles cruautés de Joseph Le Bon).

« Monseigneur Asseline, évêque de Boulogne,
refusa ce serment, ainsi que tout son chapitre et
tout le clergé de la ville épiscopale. Bien des jeunes
prêtres et religieux, libertins, ambitieux ou cor-
rompus, s'empressèrent de le prêter ; parmi eux,
M. Ribersart, mon vicaire, ainsi que ses amis,
M. Roche, Dom Rivart, Dom Pouilly et autres
Bénédictins de Samer.

« Dom Mouton, le prieur, émigra avec Monseigneur Asseline et une grande partie du clergé des
villes.

« Mon curé de Laudincthun versa bien des larmes amères devant Dieu, afin d'expier son amour
pour la Révolution. Il décida que nous devions
tenir bon, Monseigneur nous délégua tous les pou-

voirs nécessaires, ainsi qu'à MM. Delhaye, Balin, Séguin, et à M. Roussel, curé de Samer.

« La tyrannie n'étoit pas grande encore, car il y avoit un arrêté qui nous permettoit d'exercer les fonctions du culte dans les chapelles particulières, et sans que personne eût le droit de nous insulter.

« Mon malheureux vicaire étoit parti à la ville, où il se fit bientôt remarquer par le zéle avec lequel il remplit ses devoirs de garde national.

« Je n'avois pas vraiment grand mérite à rester, quoique prêtre insermenté : personne ne s'étoit présenté pour prendre ma place. Pierre-Marie Descarrières étoit maire du village, où, comme je l'ai dit, on n'avoit point trouvé les élémens d'un club ; mon ami, M. le bailly, avoit été nommé juge de paix. Tandis que la foudre grondoit autour de moi et que les horreurs commençoient à se commettre dans le canton, je fus assez tranquille.

« Bientôt vint le décret qui obligeoit les prêtres à choisir entre le serment et l'exil.

« Mon curé de Laudincthun partit, les larmes aux yeux :

« — Je dois obéir à la loy, dit-il, autant qu'elle n'est pas contraire à la foi : l'exil n'est pas un crime ; je m'exilerai.

« — Je resterai, lui dis-je ; la loy romaine qui

prohiboit le ministère des apôtres étoit aussi respectable que celle-ci ; les apôtres ne l'ont pas respectée, et le martyre les a récompensés. »

« Il secoua la tête et partit. Je restai seul. Presque tous ceux de mes confrères qui avoient tenu bon jusque-là étoient en fuite.

« Enfin vint le décret qui condamnoit les prêtres insermentés, en masse, à la déportation.

« Il fallut se cacher, car nous approchions de ce terrible an II (1793-1794), où il ne se trouvoit pas un honnête homme sur toute la surface de la France, qui ne se sentît tremblant. D'ailleurs la loy du 19 octobre 1792 avoit prescrit le renouvellement des municipalités : Pierre-Marie Descarrières n'avoit pas été réélu maire ; les officiers municipaux n'étoient plus les mêmes ; les notables qui devoient former le Conseil général de la commune étoient, sans être méchans, animés de moins bonnes intentions, et ils avoient, par conséquent, choisi le Conseil de surveillance de la commune, avec moins de soins.

« J'eusse eu toutefois encore un peu de repos, sans le voisinage de Samer, gros bourg de plus de deux mille habitans, où la longue existence de l'abbaye, les bons et les mauvais exemples des religieux avoient engendré une grande piété chez les uns, une grande corruption chez les autres. La

Révolution s'étoit emparée de ces élémens bien propres à former la persécution autant que le martyre, et dans nulle des bourgades de notre païs, l'impiété et la cruauté ne s'étoient développées davantage.

« Mon vieux Pierre m'avoit quitté, et s'étoit installé à Samer, chez son gendre, Charles Marlard, un des douze notables qui composoient le Conseil général de la commune, homme tout dévoué aux idées nouvelles, sans cruauté toutefois, et peu secret, de telle sorte que Pierre étoit tenu au courant de tout ce qui se passoit à ce Conseil et nous en transmettoit les détails, à moi, par diverses voies sûres, à mon neveu directement; car, sous prétexte de travailler aux champs, Pierre se rendoit chaque jour à Questrecques.

« Vers le milieu de l'an 1793, — je ne sais pas bien à quelle époque, car ma pauvre mémoire s'en va depuis que je la veux forcer à retenir tant d'horreurs, et je résume ceci la propre nuit qui doit précéder ma fuite, au mois de frimaire de l'an II, — je reçus donc, par l'entremise de Pierre-Marie Descarrières, un billet qui disoit :

« La ci-devant citoyenne du Hameau se nomme maintenant, comme une bonne sans-culotte montagnarde, Cornelia-District. Son mari est un des secrétaires du comité de Salut public. Elle n'est point sans pouvoir et n'a point oublié le citoyen Ricault. »

« Je fis passer ce billet à mon neveu, car déjà je n'osois plus sortir que déguisé et dans les limites de mon ancienne paroisse. Il me répondit par une voie sûre :

« Je vous rends grâces, mon cher oncle. La protection de la citoyenne pourra nous servir peut-être un jour. Mais jusqu'ici la tempête a épargné mon humilité. Nos paysans, comme tous les paysans artésiens et picards, sont hostiles à la Révolution, qui change toutes leurs habitudes, leur langage même, qui enlève leurs enfans, leurs curés, qui les ruine et les tient en frayeur perpétuelle. Il n'y a pas un seul républicain dans mon village, pas un paysan capable d'une dénonciation, mais pas un aussi qui n'avoue tout ce qu'on voudra lui deman-der, au nom du district; ce mot les épouvante, et ils sont tout aussi incapables de faire le mal de propos délibéré, que de se compromettre pour le bien. Vous pouvez juger des idées de la municipalité par moi, qui la mène. Il n'y a point de Société populaire dans la commune. Les trois pierres habi-tuelles d'achoppement, les trois causes de difficultés qui peuvent attirer sur les villages la redoutable attention du district, n'existent pas chez nous : nous n'avons pas la question du clergé, puisque nous n'avions point de prêtre, Questrecques étant un secours de Wirvignes; nous n'avons pas la question des rentes et fermages, car nos fermiers s'empressent de payer leurs loyers, et les propriétaires voudroient bien n'en être point payés : les premiers nourrissant la crainte, les seconds l'espérance qu'on détruira complétement les assignats et qu'on obligera bientôt à payer en autre monnoie. Enfin, la troisième question, celle de la noblesse, n'est pas bien dangereuse : des quatre propriétaires nobles du village, MM. de Fisey et d'Herlen n'y habitent point ; M. de Bernes, qui tient le château de Questrecques, a pris, ainsi que notre parent M. de Bredoult, M. Le Grain et un peu M. de Guémy, les allures du patriotisme ; il ne reste donc que moi, qui ai pris fort aisément les allures d'un paysan. M. d'Escault nous a légué ce domaine peu de temps avant la Révolution. Je suis arrivé ici inconnu, tout occupé de cultiver ma terre ; j'ai laissé faire la prononciation picarde : de Ricault est devenu, grâce à elle, Déricault, et je suis couvert, comme je vous l'ai dit bien souvent, par mon humilité. Tout iroit donc bien chez nous, sans le voisinage du bourg. Là, tout n'est point mauvais, sans doute. Nous avons, dans les cinq officiers municipaux, dans les douze notables et les vingt-cinq membres du Conseil de surveillance, quelques amis, une majorité plus craintive que méchante, et disposée à user de toute ruse pour éviter de devenir trop persécutrice. Mais il y a cet horrible Comité révolutionnaire ou Société populaire, qui renferme tout ce qu'il y a de vil dans le pays, et fait tout trembler. Ce comité est dominé par un coquin nommé Vasseur, le *pansu* Vasseur, comme on dit, qui est Procureur de la Commune et mon ennemi particulier; je viens de le désarçonner, en donnant à mon dernier-né les noms de Charles-l'Union. Cette Union me vaut un certificat de civisme, pour quelque temps du moins. N'oubliez pas la *brique noire;* elle est toute à votre disposition. Elle a déjà servi, et je crois qu'elle servira plus encore. Vous savez que je suis bon prophète. Ayez l'œil sur tout ce qui se passe à Samer, mon bien cher oncle. Je sais qu'on a prononcé votre nom au Comité révolutionnaire. »

« Je me résolus de n'aller jamais chez lui, pour ne pas compromettre sa femme et ses nombreux enfans. Mais j'avois en effet l'œil ouvert sur ce qui se passoit à Samer. Je savois que l'évêque constitutionnel du Pas-de-Calais, Porion, étoit venu dans ce bourg pour donner la confirmation. M. Roussel avoit déjà, depuis quelque temps, dù céder sa place à Barré, prêtre assermenté, qui étoit venu occuper la cure avec sa femme et ses enfans.

« Tout son office consistoit à assister, chaque décadi, à la revue de la garde nationale, sur la place du bourg, à lire les bulletins de la guerre, à entonner les chants républicains en dansant autour de cette place, et à se rendre, ainsi dansant et chantant, à l'église où l'on hurloit le *Te Deum*. Il disoit parfois encore encore la messe, en l'an 93 ; mais on n'y voyoit que des patriotes ivres tenant par le bras quelques pauvres femmes connues pour leur dévotion et qu'on forçoit à assister à cette sacrilége comédie.

« Quand Porion étoit venu à Samer, devinant bien (ce qui est arrivé) que le clergé assermenté du voisinage prétexteroit de la nécessité de rentrer ses récoltes, et ne viendroit point voir son évêque, il avoit amené du clergé révolutionnaire avec lui, et, en tête, mon malheureux vicaire, M. Ribersart.

« Cet apostat s'étoit marié, et il demanda la cure de Zotinghem, qu'on lui promit. Je vivois donc dans la crainte, car les passions s'animoient de plus en plus.

« Naguère on avoit fait à Samer, à propos de la guerre déclarée à l'Europe, une procession qui donnoit bien une idée du trouble qui régnoit.

« Tous les souverains y étoient représentés d'une façon grotesque. Un chaudronnier, Guillaume Sanado, revêtu d'ornemens sacerdotaux, monté sur un âne et coiffé d'un dindon en guise de tiare, représentoit le pape. Il marchoit le premier et crioit aux autres souverains : « Venez me défendre, mes enfans, et bientôt vous irez à confesse. »

« La reine d'Angleterre étoit costumée en furie, les bras teints de sang ; et tous les rois suivoient montés sur des ânes.

« Un bossu, Butiaux, représentoit la France ; il portoit sur sa bosse un pupitre entouré de chansons patriotiqués, à la main un drapeau surmonté du coq gaulois et de cette inscription :

> Quand ce coq-ci chantera,
> La République tombera.

« Quelques temps après, deux misérables, Bizet et Fauquembergues, dit Rabot, à la tête de la Société populaire, envahirent la maison où les trois dignes sœurs de la Providence continuoient à donner les soins aux malades et l'instruction aux enfans. Ils les traînèrent devant le portail de l'église, les mirent à nu, et les fouettèrent devant tout le bourg, qui ne bougea pas. Seul, un étranger, un ancien officier, M. Valois, — je livre son nom à la bénédiction des honnêtes gens, — s'indigna et courut au secours de ces honnêtes filles ; il faillit à être tué.

« J'appris en juillet 93 que mon ami M. Lefebvre, notaire à Samer, venoit d'être condamné à la déportation pour avoir réclamé vivement le prix d'une voiture de fourrage destinée à l'armée.

« Au mois d'août de cette même année, les deux représentans du peuple, l'apostat Le Bon et Dumont, vinrent à Samer.

« Le Bon fit rassembler tout le bourg à l'église ; il monta en chaire, et ce qu'il débita de blasphèmes ne se peut répéter. Toutes les pieuses femmes du pays avoient été forcées de se rendre à l'église et d'ouïr toutes ces horreurs, pour leur instruction, disoit-il. Elles versoient des torrents de larmes en se cachant, car il y alloit de la vie. Les confessionaux mirent surtout Le Bon en fureur ; il se répandit en paroles impies et obscènes contre « ces ignobles instrumens de la fourberie des prêtres, qui cachent les mystères de leur iniquité sous le secret impénétrable des cœurs féminins fanatisés par une religion qui parle aux sens et joint la débauche aux mensonges effrontés. »

« Un seul homme se leva pour répondre à l'apostat, un ivrogne, le père Jeannot Framery ; il s'écria :

« Citoyens, mes amis, mes frères, après ce que nous venons d'entendre, je n'ai que trois mots à vous dire : « Nous sommes tous fichus. »

« Le passage de Joseph Le Bon dans le Boulonnois anima la ferveur révolutionnaire. Dans le village de Zotinghem même, il se forma un comité. Mon malheureux vicaire vint, avec sa famille, prendre possession de l'église. Jean Bélart l'accompagnoit.

« Je fus obligé de vivre caché dans une étable, ne sortant que la nuit pour visiter les malades, et sous la garde de *Camarade*, ce fol malin et mystérieux qui m'avoit pris en amitié.

J'appris à la fin d'août que le comité de Sûreté générale avoit décidé, sur la demande du Conseil général de Samer, qu'on transporteroit à Arras, c'est-à-dire à la mort, mon ami, M. François-Joseph Bellanger, ancien receveur de M. de Noailles d'Ayen, emprisonné sur la dénonciation de Caboche, pour n'avoir pas voulu livrer les papiers de M. de Noailles et avoir défendu les droits de ce dernier. Il passa en charrette, à cent pas de l'étable où j'étois. Il étoit accompagné de sa femme emprisonnée avec lui, et qui mourut deux heures plus tard en arrivant à Montreuil. Mon Dieu, ayez pitié de son âme... »

C'est ainsi, d'une façon un peu confuse, que Messire Claude-François nous expose la situation de la campagne boulonnoise pendant la seconde période de la Révolution, la période d'action qui succéda à l'exposition des principes et précéda immédiatement le délire furieux de la Terreur.

« *4 octobre* 1793. — J'ai vécu depuis un mois dans l'ignorance de tout, dans l'impossibilité de faire le bien. Je suis surveillé, chassé comme un pauvre lièvre. J'ai appris ce matin qu'hier, 3 octobre, mon saint ami, le curé de Laudincthun, Jean-Pierre Butiaux, a été guillotiné à Boulogne. Je suis tombé comme une masse inerte.

« Je vais quitter la France. Je rédige ces dernières pages et les confie avec mon pauvre sermon, qui ne sera pas prononcé, à mon vieux Pierre, qui les portera à mon neveu.

« Je vais, dès que la nuit sera moins sombre, m'embarquer à Estaples, sur le bateau de Jacques-Pierre Martecheu, qui dans quelques jours fera parvenir, par Camarade, de mes nouvelles à mon neveu. »

Messire Claude-François partit en effet dans le courant de la nuit; mais il n'arriva pas chez Jacques

Martecheu. Le vieux Pierre, Camarade et bien d'autres le cherchèrent pendant plusieurs mois. Ce ne fut qu'à la fin de nivôse an II (19 janvier 1794) qu'on désespéra de retrouver sa trace.

CHAPITRE III

LA TERREUR DANS LES CHAMPS.

I

A la suite des dernières lignes que j'ai citées des Mémoires de mon oncle, je trouve quelques pages de l'écriture de mon grand-père.

Nous quittons définitivement Zotinghem pour Questrecques, village de près de trois cents habitants, situé à côté de Samer, un gros bourg de plus de deux mille âmes, dans l'orbite politique duquel le petit village est entraîné, bien malgré lui. Les pages précédentes, et surtout la lettre écrite (vers la fin de l'an 1er, c'est-à-dire en juin 1793) à Messire Claude-François par son neveu, éclairent cette position.

J'ajoute que la commune de Questrecques se compose d'une série de petits hameaux ou de grosses fermes dont la plus importante était celle des Champs-Greslins, qui appartenait à mon grand'-

père. Elle était aussi la première qu'on rencontrât
en sortant du territoire de Samer. Enfin les chemins étaient si mauvais, que les habitants du bourg
avaient pris l'habitude d'abandonner la grande
route pour tracer une nouvelle voie à travers les
vergers et la cour même de ce domaine des Champs-
Greslins. Si bien que le neveu de mon oncle le
curé était toujours exposé aux regards des Samé-
riens, dont le civisme « était bien connu et épuré. »

Malgré toutes les précautions de mon grand'père
et l'évidence avec laquelle il donnait toutes ses
pensées à la culture de ses terres, il sentait, dans
le dernier trimestre de l'an Ier de la République
(juin-septembre 93), la haine du *pansu* Vasseur,
procureur-syndic, puis agent national de la commune de Samer, resserrer autour de lui la surveillance civique.

C'est à la fin de cette année que le journal de
mon grand'père continue les Mémoires de Messire
Claude.

« *Ce 8 août* 1793. — Je me mets aux écritures
et ne suis pas bien savant, étant le très-pauvre
descendant d'une vieille famille d'épée. Mais que
ne ferais-je point pour messire Claude ? Je n'ai jamais connu de meilleur homme. Il est maintenant
bien malheureux. Il passe toutes ses journées en-

fermé dans une grange. Il sort à la nuit pour aller confesser, dire la messe ou marier. Puis vite il revient au milieu de ses bottes de paille.

« Pierre, l'ancien domestique de mon oncle (très-dévoué et très-brave, malgré son grand âge), est beau-père d'Antoine Scipion Mallart, lequel est officier municipal de la commune de Samer. Pierre demeure avec son gendre, dont le civisme est très-épuré, mais qui aime à parler des dangers de la patrie, et qui chaque jour, en dînant, raconte, après les premiers coups de cidre, les sages et malicieuses mesures que lui, Mallart, quoique petitement aidé par ses collègues, a pris le matin dans la séance publique et permanente du Conseil général de la commune, pour sauver cette patrie menacée. Le vieux Pierre vient très-souvent ici l'après-midi. Les prétextes ne manquent pas, car il est à la fois tailleur, bourrelier, sellier, que sais-je? Je suis donc tenu très-exactement au courant. *Camarade*, en sa qualité de mendiant et de fol, a, malgré la République, gardé quelques priviléges : il est le seul dans le canton qui ait, par exemple, le droit de se promener, sans être suspect de vouloir ébranler les fondements de la patrie. Je reçois par lui de temps en temps quelque commission de mon cher oncle.

« Messire Claude m'a mandé dernièrement que

sa grande douleur étoit de ne rien savoir, et que le vieil homme étoit bien près de se révolter en lui à la pensée de l'ignorance dans laquelle il vivoit. Il me supplioit, *si quondam meminisse juvabit* (je n'ai pas bien pu lire), de tenir note des choses les plus intéressantes, avouant du reste humblement que la peste des gazettes l'avoit gagné ; et malgré le vieil âge auquel il avoit commencé à céder à cette concupiscence, il avoit, pensait-il, eu plus de mérite à faire au Seigneur le sacrifice de son journal que le sacrifice de ses aliments chauds, bien que le vieil homme se sente flatté, ô triste humanité ! à la pensée du bon bouillon qui lui est offert parfois, au milieu de la nuit, par quelque âme fervente.

« Je me suis promis d'obéir à ce digne martyr, si touchant dans son courage, dans son humilité et dans sa candeur. Je n'y ai pas grand mérite. Étant le maire du village, je suis le seul du pays qui ait le droit de tenir une plume sans que le maire de Samer, les cinq officiers municipaux, les douze notables du Conseil général de la commune, les vingt-cinq membres du Comité de surveillance et les innombrables coquins de la Société populaire ne m'accusent d'envoyer à Pitt et Cobourg des renseignements propres à faire prendre le *camp de César* et chasser Kilmaine de la ligne de l'Escaut. »

« *Ce 10 août.* — Il paroît qu'il doit y avoir une très-grande fête à Paris, ce jourd'hui, pour célébrer la victoire de Paris sur les provinces. On a envoyé dans la capitale des commissaires chargés de représenter les assemblées primaires. On dit que le comité du Salut public et la Société des Jacobins ont donné les ordres pour qu'on choisisse comme commissaires des hommes foibles, sensibles, et aisés à pousser dans l'enthousiasme : il paroît que la commune de Paris, après avoir vaincu la France, voudroit l'accaparer. On simuleroit une scène d'enthousiasme, et on accorderoit toute la fortune de la France à Paris, qui en prendroit ce qui lui plairoit et distribueroit au pays le reste, c'est-à-dire s'il en reste.

« A Samer, la fête s'est passée comme à l'habitude. Le Conseil général et tous les bons patriotes, présidés par Jean-Jacques Le Duc, le premier des officiers municipaux, se sont réunis dans l'église, où le citoyen Baret, curé, entouré de sa femme et de ses enfants, a chanté une messe solennelle, fait un discours, entonné l'hymne des Marseillais. L'on s'est ensuite porté, en chantant, à l'arbre de la fraternité, où l'on s'est embrassé en criant à diverses reprises : Vive la République !

« M. Allan, meunier, mon voisin, mon ami, mon officier municipal, président du Comité de surveillance de Questrecques (lequel se compose des plus sûrs de nos domestiques), bon républicain, mais honnête, a assisté à cette fête, où il s'est fait remarquer par la belle voix avec laquelle il crioit : Vive la République ! Il y donna tous ses soins, du reste, car il est, lui aussi, en butte à l'hostilité du *pansu* Vasseur, et pour les mêmes causes que moi : ce Vasseur étoit un fort maladroit savetier qui ne sauroit pardonner à ceux qui jadis le quittèrent pour aller chez le voisin. Je confesse que depuis qu'il est procureur-syndic, je lui ai rendu toute ma confiance comme savetier, et que j'emplis sa maison des chaussures de mes enfants, où elles sont fort maltraitées, sans que je me plaigne.

« Mais je sais que ce malheureux a dit qu'il ne vouloit pas de mes pieds, mais de ma tête. »

« *Ce* 16 *août*. — Aujourd'hui, l'on a déposé sur le bureau du Conseil général de la commune de Samer un arrêté du département du Pas-de-Calais ordonnant de mettre les scellés sur les papiers des ci-devant nobles, des personnes suspectes d'aristocratie ou qui seroient dans le cas d'avoir correspondance avec les ci-devant prêtres, déportés ou émigrés. Le Conseil délibéra sans désemparer, et nomma une grande quantité de commissaires pour aller chez lesdits suspects, dont il s'agissoit d'arrêter la liste.

« J'avoue que je tremblai en apprenant cette nouvelle. Mais que Dieu soit loué ! je ne fus pas compris sur cette liste, malgré les efforts de Vasseur. Le second des officiers municipaux, le citoyen Gabriel S....., très-honnête homme, qui a son franc parler, répondit brusquement à ce misérable que je n'avois jamais donné aucune marque d'aristocratie. Béni soit-il !

« Onze gentilshommes ou dames nobles et treize honnêtes gens suspects d'aristocratie ! Parmi ces derniers, les plus mal notés sont l'excellent Darsy, brasseur ; le bon Louchet, postillon : Francelin Martecheu, garde de bois ; et le brave Morvilliers, fermier. Ce dernier, d'une force très-grande, très-franc et très-hardi, fait trembler les citoyens les plus épurés. »

« *Ce 17 août..* — J'ai vu passer ce matin dans mon verger M. Lapie, que j'ai connu notaire royal, et qui est resté l'un et l'autre, mais avec précaution. Il étoit accompagné des citoyens Malaurau et Lacroix. Ils étoient les commissaires nommés pour aller au château de Questrecques, mettre les scellés chez M. et mademoiselle de Questrecques, et chez M. de Gars.

« Ils étoient escortés par Vasseur, qui montra le poing en passant devant ma porte. Ses compagnons détournèrent la tête. C'est lui, avec Marc Lagache, qui est chargé d'aller chez nos parents de Brédout. Lengagne est nommé pour se rendre au château de Wierre, chez M. Tutil de Guémy. »

« (?) *Août* 1793. — Je ne m'étois pas trompé, La révolution nous prend tout. Par les lois sur les suspects, elle avoit commencé à nous prendre notre âme et nos pensées, afin de nous avilir et que nous n'eussions plus le courage de résister. Par la loi du maximum, de la réquisition forcée, elle nous prend tous nos biens et notre vie. Nous n'avons plus le droit de compter conserver, même pour un instant, nos enfants ou nos frères, ou nos biens les plus légitimes et les plus nécessaires. On ne nous rendra la liberté, la liberté de notre jugement, la liberté de parler et d'agir, que quand nos cœurs et nos esprits ressembleront à ceux du *pansu* Vasseur, C'est le type et le modèle auquel il faut que nous arrivions pour avoir le droit de respirer et de penser, ou du moins l'espérance de pouvoir le faire.

« On ne sait plus comment agir, même en toute bonne foi. La France est comme une grande chasse au lièvre. Tout ce qui étoit autrefois grossier, débauché et ignare donne la chasse à ceux qu'on nommoit jadis les honnêtes gens. Nous sommes parqués, nous cachant dans les coins obscurs, et tremblant, bien que nous soyons les plus nombreux. Mais je ne sais quoi nous retient de résister. Nous sommes comme frappés d'épouvante mystérieuse par la main de Dieu. Puis la peur, puis la prudence, la pensée qu'on échappera à force de dissimuler, puis des idées plus nobles, le patriotisme, puis la crainte de compromettre la fortune, la vie même de son père, de sa femme ou de ses enfants, tout cela nous retient. Oui, il est bien vrai qu'on ne sait comment faire, et qu'on se demande ce qui restera bientôt en France en dehors des *pansus Vasseur* de toute bigarrure. Les nobles, les prêtres, les magistrats, les riches, sont depuis longtemps destinés à l'extermination en masse. On commence déjà à dire : « Les talents « sont toujours conspirateurs ; » ou bien : « Les « beaux-arts sont naturellement royalistes ; » ou bien encore : « La morale enseigne des préceptes « d'un modérantisme anti-républicain. »

« Voilà donc tous les savants, tous les hommes d'esprit, tous les êtres vertueux décrétés d'accusation. Que reste-t-il? Les simples bourgeois, les simples paysans? Les bourgeois, quand ils essayent (soit en ne vendant pas, soit en cherchant à vendre plus cher) à échapper à cette loi ruineuse du *maximum* qui les force à vendre leurs denrées au-dessous du prix d'achat, on les appelle *agioteurs*, et on les déporte. Nous autres gens des champs, quand nous essayons de garder pour nos enfants affamés un peu de ce qui est à nous et que nous avons récolté à la sueur de notre front, on nous appelle *accapareurs*, et on nous coupe le col. Si nous oublions un instant de simuler cette ivresse insensée et cruelle qu'ils nomment l'amour de la Révolution, on nous appelle *modérés*, et on nous guillotine.

« Jamais, même sous les Nérons, on n'a vu une telle tyrannie. Ce temps-ci, c'est une Saint-Barthélemy continuelle, qui n'atteint pas seulement une ville et une classe, mais tout le pays, toutes les classes, sauf une, celle qui se vautre dans la boue et le sang ; une Saint-Barthélemy qui dure et qui doit durer toujours, jusqu'à ce que la France entière se soit cachée dans cette boue et ce sang. Oh ! comme il faut souvent regarder sa femme et ses enfants pour échapper à ce délire furieux qui saisit votre esprit et vous pousse à aller vous dévouer à la mort, en assassinant ces misérables proconsuls, qui nous torturent et déshonorent la France en même temps que l'humanité ! »

II

J'ai cité ce passage qui, bien qu'un peu emphatique, m'a paru résumer sincèrement la position, les impressions effarées des plus dignes et des plus intelligents habitants de la campagne française. J'ai surtout remarqué dans ce morceau — et cette observation s'applique à tout le journal — qu'on n'y trouve nulle préoccupation politique : on ne pense plus au roi ni à l'ancienne organisation sociale, ni même au bonheur passé. On n'a plus qu'une idée : « Tâchons de vivre. » C'est le dernier mot de l'angoisse. On se trouve chaque jour en face d'un danger nouveau, instant et suprême. L'existence se passe dans une telle lutte et dans un tel effroi, qu'on n'a même plus le dernier des loisirs, le loisir de regretter. Tout travail intellectuel, tout jugement moral semble une chose de pur luxe; on se défend contre l'atteinte journalière des événements : c'est tout ce qu'on peut faire.

Si mes lecteurs veulent se rappeler que ces paroles désespérées ont été écrites à la fin de l'an Ier, et que pendant tout l'an II, la tyrannie, l'insolence, l'implacable et désolante rigueur des hommes et des événements ont été en croissant, ils parviendront à se figurer l'angoisse qui sert, pour ainsi dire, d'accompagnement aux cent petits faits que je vais rapporter.

« **1er** *vendémiaire an II* (22 *septembre* 1793).
— Cette nuit, j'ai été réveillé par un petit coup

frappé à la fenêtre de mon cabinet. Je regardai prudemment, après avoir saisi sous mon lit un fusil bien chargé. C'étoit mon jeune frère Marc. Je le fis entrer par l'écurie. Il avoit été saisi par la réquisition ; mais il a juré qu'il ne serviroit pas sous le drapeau des Jacobins. Il a déserté.

« Je lui fis quelques observations, et, bien qu'avec tristesse, je lui parlai de la patrie. Il secoua la tête. Il me répondit que les esclaves n'avoient point de patrie, et que malgré toute sa haine contre les Anglois, il aimeroit mieux être libre sous le gouvernement de l'Angleterre qu'esclave sous la tyrannie brutale d'un savetier françois. Il ajouta, ce que je savois déjà, qu'on venoit d'organiser toute la canaille parisienne sous le nom d'armée révolutionaire, afin de l'envoyer dans les provinces voler, piller, insulter les femmes et les vieillards, sous le prétexte de la République. Il finit en disant qu'un drapeau porté par des êtres aussi hideux étoit déshonoré, et qu'après tout c'étoit un devoir, pour les jeunes gens, de rester dans leur pays pour défendre contre de tels brigands frère, femme et sœur, ou du moins pour les venger.

« Il me prioit de lui permettre de passer la nuit dans la *cachette*. Il m'assuroit qu'il nous quitteroit la nuit suivante pour ne pas nous compromettre, et parce qu'il valoit mieux garder la cachette pour les pauvres vieux prêtres persécutés. Je le menai, en soupirant, dans le grenier de la tourelle ; je soulevai les planches qui forment le plancher, et il descendit dans une pièce noire qui pouvoit contenir six personnes. Je reclouai les planches. Il n'y eut plus de traces de son arrivée. »

Ce 3 octobre (12 vendémiaire an II). — J'ai appris ce soir que M. l'abbé Butiaux, le curé-vicaire-perpétuel de Laudincthun, l'ami particulier de mon oncle, a été guillotiné ce matin à Boulogne. J'ai chargé immédiatement le vieux père d'avertir Messire Claude-François. »

« *4 octobre au soir.* — La nouvelle que j'ai envoyée hier à mon pauvre oncle a eu un résultat funeste. Elle l'a décidé à quitter immédiatement le pays et à ne pas attendre le jour convenu avec *Camarade* qui doit le guider à travers les dunes jusque chez Jacques-Pierre Martecheu, l'oncle de Francelin Martecheu qui nous est fort dévoué, pêcheur d'Estaples. Il est entendu que ce dernier le mènera en Angleterre. Jacques-Pierre est un homme honnête, très-ennemi de la République, qui lui a pris ses trois enfants d'un coup. Il a assuré qu'il feroit l'affaire pour l'amour de Dieu, si nous voulions lui donner une somme considérable, mille livres en argent, ou cinq mille en assignats. »

« Mon oncle m'a envoyé ses papiers par le vieux Pierre. Il est parti seul avec Monaux, le fils du vieux Monaux, son chien fidèle. Il n'a pas voulu qu'on l'accompagnât. Il prétend qu'il ne doit compromettre personne, et qu'il connoît le chemin. Mais la nuit se prépare mal ; le vent de mer sud-ouest commence à se lever et nous menace de fortes bourrasques. J'ai l'âme pleine de tristes pressentiments. »

« 5 *octobre*. — La nuit a été tempêteuse. Ma chère Pétronille et moi, nous ne pûmes dormir. Nous la passâmes à penser à notre oncle. Monaux, le chien qui avait accompagné Messire Claude, nous est arrivé à la brune, les oreilles saignantes, la peau entamée en plusieurs endroits et une patte cassée. Nous tombâmes dans l'angoisse. Il fut décidé, entre Pétronille et moi, que, quoi qu'il puisse arriver, je dois aller à Estaples, chez Pierre Martecheu.

« D'y aller en plein jour, il n'y faut point penser, bien que ce bourg ne soit qu'à cinq lieues d'ici. Les citoyens épurés de Samer m'accuseroient d'aller conspirer avec Pitt et Cobourg et m'entendre avec lui, — car Pitt et Cobourg ne font qu'un pour un vrai patriote, — pour livrer Questrecques à ses vaisseaux. En vain ferois-je remarquer que Questrecques est à quatre lieues de la mer.

» Je partirai donc au milieu de cette nuit, monté sur Bijou, qui, pour un boulonnois, est un cheval fort vite. Si je rencontre une patrouille de gendarmes, je leur brûlerai la politesse. Si je rencontre une ronde de membres de la Société populaire, je la mettrai en fuite en lui montrant les vieux pistolets de M. d'Escault, qui n'ont plus de chiens. »

« 6 *octobre.*—Je suis rentré heureusement aux Champs-Greslins. Pierre Martecheu n'a pas vu mon pauvre oncle. Qu'est-il devenu ? Ie vieux Pierre, Francelin Martecheu et Camarade vont se mettre aux recherches. Mais en ce fâcheux temps, il faut tant de prudence, et on excite si aisément le soupçon et la dénonciation, que leurs efforts sont destinés à produire peu de chose. Camarade a bien les priviléges de sa folie (ou plutôt de sa bizarrerie) : on le redoute, car il est vigoureux, et il passe pour méchant ! Pierre a le profit du patriotisme de son gendre. Mais ces privilèges ne s'étendent guère qu'à une lieue à la ronde : hors de là, *Camarade* seroit saisi comme homme sans aveu et déporté, et Pierre, traité comme espion des tyrans coalisés contre la liberté, seroit guillotiné. Quant à Francelin il passe partout comme une couleuvre, mais il est suspect. Nous avons fait panser Monaux.

« J'ai appris aussi une autre nouvelle bien affli-
geante. Mon pauvre frère Marc a été saisi à une
lieue d'ici, dans une auberge nommée le Château-
Rouge. On lui a mis les menottes, et deux gendarmes l'escortoient sur la route de Montreuil.
Marc est brave. Arrivé en haut du mont de Tingry.
il a vu, travaillant dans les champs, un de mes anciens domestiques :

— Eh ! Pierre, cria Marc en patois, me con-
nois-tu ?

« — Non ! » répondit l'autre en tremblant (car
connoître un homme qu'accompagnent les gendarmes, c'est être bien près d'aller soi-même en prison!)

« — J'en suis fâché, car tu irois dire à mes
« *gens* que je suis pris, mais que je me sauverai
« encore, et toujours, et que je ne tarderai pas à
« revenir. »

« — Vil aristocrate ! » s'écria l'un des gendarmes, qui faisoit partie de la Société révolutionnaire
de Samer, « je te forcerai bien à garder l'attitude
d'un peuple libre ! »

« Et tirant son sabre, il piqua le cou du prisonnier. Mon pauvre frère se retourna et lui dit avec
mépris :

« — Tu t'es trompé, citoyen gendarme ; tu au-
« rois dû t'engager dans l'armée révolutionnaire

« qu'on vient de former avec la canaille des
« faubourgs de Paris.

« — Il a raison, dit l'autre gendarme. Tu ne dois
« point blesser un homme enchaîné. Nous faisons
« exécuter la loi ; mais nous ne sommes ni des
« dénonciateurs ni des bourreaux.

« — Tu es mon supérieur, dit l'autre en mon-
« trant le poing, je n'ai rien à te dire ; mais je
« te dénoncerai comme suspect à la Société révo-
« lutionnaire. »

« Les deux soldats se disputèrent et alloient en
venir aux mains. Marc profita de cette circonstance ;
il fit un bond, et se laissa glisser du haut de la
montagne très-abrupte de Tingry, jusque dans les
taillis du Moyen-Bois.

«Le paysan, redoutant les suites de tout cela, se
sauva. Il entendit tirer deux coups de carabine. Il
ne sait rien de ce qui arriva ; il est venu, sous le
prétexte d'acheter des pommes à cidre, me raconter
l'affaire. En me quittant, il trembloit encore de
l'audace qu'il a eue de venir me faire ce récit. Mais
Francelin lui avoit fait honte de sa poltronnerie. »

« **14** *octobre* (**23** *vendémiaire*). — Point de nouvelles de Messire Claude-François, ni de mon frère
Marc.

« Ce matin, au bourg, à huit heures du matin,

la séance du Conseil général de la commune a été ouverte par le citoyen Blanquart de La Barrière, ancien procureur-syndic du district de Boulogne-sur-Mer. Il fut un des plus ardents à propager la Révolution dans ce pays. C'est un honnête homme; il aimoit sincèrement la liberté. On dit qu'il est devenu suspect. Se sentant soupçonné, il a acheté l'abbaye volée aux moines par la nation, et il en fait démolir l'église. C'est ainsi qu'il essaye de racheter sa vertu par un crime. Mais il ne réussira pas, car il faut, en ce temps, bien des crimes pour se faire pardonner une seule vertu. On commence déjà à dire qu'il a trouvé dans les murs de l'abbaye un trésor et qu'il a volé la nation en ne le distribuant pas aux sans-culottes.

« A une heure de relevée, le citoyen Le Duc, administrateur du district, a déposé la loi du 18 vendémiaire an II (1), relative à l'arrestation des citoyens de la Grande-Bretagne habitant le territoire de la République. Le Conseil général a donné ordre pour y procéder immédiatement. On a arrêté le jour même trois dames veuves : Mesdames Starget, Godinn, Wath, et deux catholiques irlandais, MM. Mannessit et Cleeton. On a mis les scellés chez eux; on les a emmenés, sous une escorte nom—

(1) J'ai des doutes sur l'exactitude de cette date; mais je suis fidèlement mon manuscrit.

breuse de gardes nationaux, à l'auberge des Hon-
vaux, où on les garde à vue jusqu'à ce qu'on les
transporte dans les prisons du district. Il paroît
que le Conseil, craignant de manquer à la rigueur
nécessaire, a décidé qu'on ne permettroit à ces
étrangers d'emporter en prison autre chose que
les habits qu'ils auront sur le corps. »

« Le 19 *novembre* (29 *brumaire*). — On sent
que la tempête approche de plus en plus. Chacun
se jette dans les boues pour offrir moins de prise à
la bourrasque. Aujourd'hui les ci-devant prêtres
religieux de l'abbaye de Samer, Dom Jacques-
Joseph Rivart et Boniface-Joseph Pouilly, ont
apporté leurs lettres de prêtrise. Le 10 de ce mois
mes voisins, MM. de Questrecques, avoient aussi
déposé sur le bureau du Conseil général leurs titres
de noblesse et commissions militaires. Des offrandes
à l'autel de la patrie ont lieu ainsi presque chaque
semaine. L'ignoble Pansu Vasseur, au nom de la
vertu et de l'humanité, félicite ces renégats de leur
civisme. On brûle les papiers sur la place du bourg,
au milieu des danses, des cris sanguinaires et des
chansons obscènes.

« C'est demain, 30 brumaire, qu'a lieu la célé-
bration d'une des grandes fêtes de la République,
la fête de la Vieillesse.

« Le Conseil général a pris un arrêté, par leque.
il est enjoint à tous les marchands de fermer leur
boutique ; à tous les habitants sans exception de se
trouver à dix heures un quart sur la place, où on
leur assignera leur rang, selon leur âge. Il est défendu aux cabaretiers de vendre à boire avant une
heure de l'après-midi. *On promet aux assistants
qui ne porteroient pas la carmagnole qu'ils ne
seront pas insultés.* »

« **20** *novembre* (30 *brumaire*). — La fête a eu
lieu en effet. Tous les vieillards avoient été forcés
d'y assister. On a obligé Mesdemoiselles de C...,
comme étant les filles des plus grands aristocrates
du pays, à venir représenter, avec des robes décol-
letées, la Liberté, l'Égalité, la Fraternité ! Les enfants de tous les suspects ont été requis de suivre
ces déesses, en leur jetant des fleurs. C'étoit Claude
Sance, de Carly, qui représentoit la Vieillesse. On
l'a affublé d'ornements sacerdotaux. On le conduisit en triomphe jusqu'au portail de l'église. On
avoit élevé là un trône, où on le fit asseoir. Des
patriotes vinrent tour à tour fléchir le genou devant
lui en disant :

« Nous vous saluons, papa ! Que désirez-vous,
papa ? Demandez. et vos désirs seront satisfaits ;
ils seront des ordres pour nous ! »

« Le bonhomme, à force d'entendre répéter ces paroles et voyant la gravité — très-sincère, à ce que je crois — avec laquelle on le traitoit, commença à regarder avec moins d'inquiétude les chasubles dont on l'avoit chargé.

« Il se leva, et agitant la main avec une solennité égale à celle des patriotes qui venoient l'adorer, il s'écria :

« Eh bien ! puisque vous ne me fichez pas la paix jusqu'à ce que j'aie demandé quelque chose, je demande qu'on mette en liberté M. Bellanger ; c'est un brave homme, et le beau-frère d'un autre brave homme, l'abbé Butiaux, curé de Laudincthun, qui vient d'être guillotiné par la nation. Le diable m'emporte si on a bien fait ! »

« On se hâta de lui promettre qu'on appuieroit sa demande. Puis on dressa une table immense sur la place ; on y fit dîner tous les vieillards du pays ; et les officiers municipaux, après chaque mets, essuyoient respectueusement la barbe des convives. »

« 28 *novembre* 1793 (8 *frimaire*). On m'a annoncé hier l'arrivée du terrible Joseph Le Bon. Tout le monde tremble, car avec l'interprétation qu'on a donnée à la loi des suspects, il n'est pas un être qui ne soit coupable. Les mauvaises nouvelles se succèdent. Mon frère Marc, qui, ne voulant pas venir ici de crainte de me compromettre, vivoit comme un sauvage dans la forêt de Tingry, a été repris. On l'a enchaîné sur un fourgon, et on va l'emmener ainsi jusqu'en Belgique. Il a continué d'affirmer qu'il reviendroit.

« Cette nuit, j'entendis frapper à la fenêtre de mon cabinet ; je ne songeai plus à prendre une arme, car je suis souvent réveillé ainsi par quelqu'un de nos prêtres qui vient demander l'hospitalité de ma cachette. Cette fois je fus surpris.

« J'aperçus une femme échevelée, à peine vêtue, couverte de boue. J'ouvris. C'étoit Mademoiselle Siriez de Bergues, notre honorable parente. On étoit venu chez eux faire une visite domiciliaire, au commencement de la nuit. Elle s'étoit sauvée ainsi que Monsieur son frère. Elle avoit couru, comme une folle, quasi tout droit devant elle, et pendant l'espace de plusieurs lieues. Elle me supplioit de la mener dans le Pays Reconquis, où elle a des parents. Je le lui promis. Voici comment je pourrai le faire : j'ai obtenu un passeport pour aller dans le Calaisis avec la citoyenne mon épouse, afin d'assister au mariage d'une de ses cousines germaines. J'emmènerai Mademoiselle Siriez de Bergues au lieu de ma femme. Mais je ne dois partir qu'après le 16 frimaire. Nous fîmes cacher soigneusement notre parente. »

« *5 décembre* 1793 (15 *frimaire an* II). — La venue de Le Bon a produit son effet. La religion est détruite et remplacée par le culte de la déesse Raison. C'est le débordement de toutes les profanations. On force les ex-prêtres à se marier sous peine de mort, et on appelle cela la liberté des cultes. Mais à quoi bon s'étonner ? Nous sommes comme la salamandre : nous vivons dans le feu.

« Le 13, on a lu au Conseil général de la commune de Samer un arrêté du district, porté le 8 et reçu le 11, par lequel il est enjoint de mettre sous séquestre tous les objets ayant appartenu au culte. Ce fut le signal d'une scène affreuse. On dévasta l'église, on brisa tout, jusqu'aux ornements sculptés dans la muraille ; on mit en pièces le très-beau Christ qui dominoit le chœur et qui étoit célèbre dans tout le Boulonnois. On apporta toutes les statues sur la place, où on les brûla. On avoit disposé là un autel à la Raison. On prit la statue de la sainte Vierge ; on la mit sur cet autel, vêtue en déesse du paganisme, la tête couverte du bonnet rouge. On avoit requis les enfants des aristocrates de venir jeter des fleurs ; et toutes les personnes connues par leur piété étoient amenées sur l'autel et forcées de s'agenouiller devant la déesse. Pendant ce temps, Jean Bedove, Bizet et les autres chefs de la Société révolutionnaire avoient été au Hautville, à une demi-lieue du bourg, abattre le calvaire Lépine. Ils le traînèrent jusque sur la place, et là, en présence de tous les aristocrates gardés à vue, ils le brûlèrent en disant :

« Brûlons-le par les pieds, afin qu'il ait le temps de voir ceux qui le tourmentent. »

« La femme de *pansu* Vasseur (une honnête femme d'un grand coquin), a été chargée de porter dans sa charrette les deux paniers renfermant les ornements et les vases sacrés. Elle m'a dit qu'on la mena dans une salle de l'Hôtel-de-Ville à Boulogne, laquelle étoit quasi pleine, et qu'on lui fit verser le tout comme sur un monceau de grain.

« Son mari, pendant ce temps, avoit escamoté un ostensoir, et étant monté sur la fenêtre d'un des cabarets de la place, il avoit donné la bénédiction avec les blasphèmes les plus grossiers et les gestes les plus cyniques. »

« *Le* 1er *janvier* 1794 (12 *nivôse an* II). — J'ai mené heureusement Mademoiselle Siriez de Bergues dans le Pays Reconquis, là où elle a retrouvé heureusement monsieur son frère.

« On n'a point eu de nouvelles de messire Claude, pendant mon absence. Camarade cherche toujours. Mais, comme en sa qualité de fol et de mendiant, il est suspect d'aristocratie, il sent le besoin d'être prudent. Il m'a montré Monaux, qui commence à marcher sur ses trois pattes :

« Avec lui, trouverai, » dit le fol, le simple, comme on l'appelle.

« Je bénis Dieu de m'être absenté pendant le séjour de Joseph Le Bon en Boulonnois. Les horreurs et la terreur ont redoublé. Ce que j'avois prévu est arrivé. Le maire de Samer, Blanquart de la Barrière, ex-procureur-syndic du district, et François Dolet, libraire-imprimeur, ex-président du district, ont été arrêtés. Ils étoient les plus anciens, les plus honnêtes républicains du pays, et les plus fermes adhérents de la Révolution à son commencement. Il est juste qu'ils soient les premiers et les plus punis.

« Je sens que mon tour approche, et j'ai de funestes pressentiments. Quignon l'aîné, de Boulogne, ami de Joseph Le Bon, et que j'ai obligé autrefois, m'a fait avertir, sous main, par Francelin, que j'avois été dénoncé au représentant du peuple, pendant son séjour à Boulogne, et que s'il n'avoit pas été aussi occupé de l'affaire des *poignards*, on m'eût décrété d'accusation.

« Je sais qu'il ne se passe guère de jours sans que ce vil chaudronnier, Guillaume Sanado (que j'ai cinglé de coups de fouet, l'ayant trouvé vingt fois volant dans mes champs et mes vergers), ne me dénonce comme ex-noble et accapareur, à la Société révolutionnaire. Mais je suis défendu courageusement au Conseil général de la commune, par le citoyen Gabriel S..., premier officier municipal.

« Le Bon a tout bouleversé durant son passage. Il a destitué le Conseil général d'Estaples, qu'il trouvoit trop aristocrate (il n'y avoit que des matelots). Il a changé le directoire du district, trop modéré. Il a nommé président du tribunal de Boulogne l'oratorien Varnier, et assesseurs deux autres oratoriens, auxquels trois il a fait renouveler entre ses mains l'abjuration de leur caractère sacerdotal. Enfin, il nous a enlevé le dernier boulevard qu'il restât à l'humanité, en détruisant les Comités de surveillance des campagnes, où se trouvoit parfois de la justice et de la probité. Il a étendu partout l'autorité des comités des villes, composés de vils coquins, ignorants et voleurs, ou de lâches honnêtes gens, devenus cruels pour pouvoir mériter l'estime de la canaille. Notre tyran Le Bon a dit à Turlure, de Saint-Omer, un de ses amis :

« Que je n'entende plus jamais parler de Liberté, d'Égalité, de Fraternité ; ce sont des mots suspects et que nous séquestrons jusqu'à ce qu'il n'y ait plus en France que de vrais citoyens. Il n'y a plus qu'un mot dans toute la France : la Révolution ; et quand il n'y aura que ce mot dans le monde entier, l'âge d'or fleurira, et alors la Liberté, l'Égalité, la Fraternité régneront toutes seules.

— « Parbleu ! je le crois bien, » dit Turlure.

« O mon Dieu, voici une nouvelle année qui commence ; nous savons tous qu'elle ne se passera pas sans nous emporter, et notre grande douleur est de penser que c'est cette tourbe infâme qui élèvera nos enfants, qui leur apprendra à vénérer le vice et la folie et à maudire leurs pères, la vérité et la vertu ! »

« *8 janvier* 94 (19 *nivôse an* II). — Nos inquiétudes ont redoublé sur le sort de messire Claude-François. Quelques jours se sont passés depuis que Camarade est parti avec le chien Monaux :

« Mourir ou savoir les aventures, » a dit le fol, en partant.

« Nous n'avons pas de nouvelles. Je n'ose même pas demander ouvertement si ce malheureux idiot est mort. Toute question qui ne paroît pas absolument nécessaire est suspecte, dans ma bouche surtout, car j'ai été averti que je suis extrêmement surveillé. Aussi je suis aux aguets.

« Je me suis fait exactement renseigner sur ce qui s'est passé aujourd'hui au Conseil général du

bourg. Il paroît qu'il y a demain grande fête civique
pour célébrer la reprise de Toulon. La Société
populaire, républicaine et montagnarde de Samer
a envoyé au Conseil un plan de fête, que ledit
Conseil s'est empressé d'adopter. Le peuple de la
commune a été sur-le-champ convoqué au son du
tambour, pour apprendre le rôle qu'il auroit à
jouer le lendemain, et en quels lieux il devoit se
réunir. On a envoyé au commandant de la garde
nationale un ordre ainsi conçu :

« De la part du Conseil général de la commune
de Samer, le commandant de la garde nationale
dudit Samer est invité : 1° à faire battre la générale, demain décadi, à neuf heures du matin, à
l'occasion de la fête qui doit avoir lieu et l'assemblée, à dix heures; 2° à commander, s'il y a de la
poudre, une décharge de boettes à huit heures du
matin et úne autre à trois heures après midy, et
3° de faire armer une cinquantaine de citoyens
pour représenter l'armée victorieuse, lesquels se
dirigeront selon le plan indiqué par les commissaires ordonnateurs de la fête. Il est requis, sous
sa responsabilité, de veiller à ce qu'aucun des
fusils ne soit chargé et qu'il ne soit tiré aucun coup
des fusils ou autres armes. Il est également requis
de faire doubler la garde depuis deux heures après
midi, demain décadi, jusqu'à minuit. »

« Un membre a ensuite demandé que, pour obéir au vœu de la Société populaire, il soit distribué en guise de rafraîchissement, au bal qui est indiqué pour le soir, cent vingt pots de cidre, et que cette dépense soit payée par les sols additionnels, ainsi que les frais de chandelles, des musiciens et autres menus frais nécessaires et indispensables. Le conseil n'a pas osé refuser ce rafraîchissement à la Société populaire, mais il a décidé courageusement que les commissaires, chargés de la distribution de s cent vingt pots de cidre, répondoient sur leurs biens que le nombre ne seroit pas dépassé.

« Ce même jour, à la nuit fermée, un des officiers municipaux, que j'ai promis sur l'honneur de ne point nommer, est venu me donner le conseil de me cacher. Il n'a point voulu m'en dire davantage.

« J'ai senti, je le confesse, un moment de forte angoisse. Me cacher ! je le puis aisément, et tous les citoyens du pays ne me trouveront pas. Mais que deviendra ma chère Pétronille ?

« J'ai longtemps pesé le pour et le contre. En me cachant, je suis rangé de plein droit parmi les émigrés ; arrêté, je ne suis que suspect. La famille d'un suspect, d'un condamné, d'un (ce mot me serre le cœur) guillotiné, est moins persécutée que celle d'un émigré. Je ne me sauverai pas; je ne me cacherai pas.

« A minuit, j'ai porté dans la cachette, actuellement inoccupée, une partie de ce qui peut être compromettant. J'ai brûlé le reste. J'ai averti Pétronille que je pouvois être arrêté d'un moment à l'autre. Elle m'a supplié de fuir. Je puis gagner les frontières; nous avons des parents échelonnés tout le long du Pays Reconquis. J'ai résisté.

« Nous nous sommes agenouillés ensemble devant cette Vierge miraculeuse que mes parents ont été habitués de prier dans les grands dangers.

« Ma chère femme continue de prier, prête à se mettre au lit. J'attends, et je me demande s'il ne vaudroit pas mieux tuer quelques-uns des membres de la Société révolutionnaire qui viendront m'arrêter. Si tous les honnêtes gens, arrêtés depuis le commencement de la Révolution, s'étoient défendus, il n'y auroit peut-être plus de coquins pour dénoncer ceux qui restent.

Le 2ᵉ décadi du 4ᵉ mois de l'an II (9 *janvier* 1794) de la République, Une, Indivisible et Impérissable, la commune de Samer était en proie à l'allégresse la plus civique. On célébrait la reprise de Toulon, et la place du bourg présentait un spectacle fort animé, à la fois très-curieux et très-poignant.

Chaque maison était ornée d'un pavillon tricolore, et les drapeaux de la garde nationale pavoisaient la maison du commandant. Il était près de dix heures. On venait seulement de tirer les *boettes* qui n'avaient point voulu partir jusque-là, au grand scandale des patriotes.

Ces derniers avaient même failli faire un mauvais parti à M. de Mandinier, ex-noble, fort ardent patriote, qui revenant des prisons d'Arras, avait voulu célébrer généreusement son retour en fournissant de la poudre. Les cinquante citoyens chargés de représenter l'armée victorieuse étaient accourus : ils voulaient venger sur M. de Mandinier l'incivisme de cette poudre.

Le vieil officier fort pâle, essuyait, en s'efforçant de ne montrer nulle colère, le sang qui coulait d'une blessure faite au cou par un coup de baïonnette. Il essayait de prouver que l'humidité du temps était seule cause du retard de ces boettes. Jean Bedove répondit en lui envoyant un coup de crosse dans les reins. A ce moment les boettes consentirent à partir. On saisit M. de Mandinier, et on le porta en triomphe.

Quoique les cent vingt pots de cidres destinés à réjouir les citoyens et les citoyennes eussent été

8.

réservés pour le soir, néanmoins le tumulte régnait déjà. C'était bien l'ivresse, mais l'ivresse pure d'un délire patriotique. On lançait vers les cieux les cris les plus enthousiastes de « Vive la République à jamais ! Guerre aux tyrans de la terre et des mers ! Vive la Convention nationale ! Vive l'intrépidité de la Montagne sainte qui nous a tant de fois sauvés ! »

Quelques patriotes plus lettrés, et parmi eux l'ex-prêtre Deguine, maintenant greffier de la mairie, criaient : « Offrons quelques aristocrates en holocauste sur l'autel de la patrie ! »

Et au milieu des embrassements, des hymnes patriotiques et de la plus vive allégresse, ils prouvaient que « leur fraternité est aussi étendue que leur haine de l'esclavage et de tous les tyrans couronnés. »

Les danses avaient déjà commencé, sous l'impulsion de deux vieillards, dom Rivart et dom Pouilly, ex-Bénédictins, qui avaient cru devoir donner à la jeunesse l'exemple de l'exaltation la plus civique. La foule s'était principalement portée sur trois points de la place. En face de l'ex-église, on avait dressé sur une large estrade un autel à la patrie, où fumait, dans quatre casseroles en terre rouge, un encens moins pur que l'enthousiasme de Pansu Vasseur.

Celui-ci était tout occupé à surveiller la conduite

équivoque des trois déesses qui trônaient sur l'autel et du troupeau de vieilles dames entassé sur l'estrade.

Sur cet autel, en effet, à côté de la statue de la sainte Vierge coiffée d'un bonnet rouge, portant une carmagnole à la hussarde, et destinée à représenter la déesse Raison, on avait placé Mlle de Caumont et deux autres jeunes filles les plus suspectes du canton. On les avait ornées d'un bonnet rouge avec une immense cocarde. On les avait forcées, malgré la rigueur de l'hiver, de se vêtir de robes blanches, par-dessus lesquelles, toutefois, on leur avait permis d'endosser la crasseuse et vermineuse carmagnole de quelque savetier galant de la Société populaire. Un triangle, ou un sabre, ou une faucille, que les jeunes filles tenaient à la main droite, — la gauche était occupée par un parapluie, — essayaient d'indiquer au peuple qu'il avait devant les yeux l'Égalité, la Liberté, la Fraternité.

Une trentaine de femmes du bourg, les plus connues par leur piété et leur aristocratie, avaient été conduites sur l'estrade, avec l'ordre de « se prosterner » de temps à autre pour adorer la déesse Raison, et de garder le reste du temps une « attitude fervente et recueillie, comme il convient à une vraie sans-culotte montagnarde dans le temple de la patrie. »

Pansu Vasseur, entouré de ses séides, avait déjà

fait saisir et fouetter quelques-unes des vieilles femmes dont la ferveur lui avait semblé entachée de modérantisme. Mais il sortait encore bien des soupirs, bien des sanglots du milieu de cette triste troupe. Les plus vénérables dames, que l'humidité jetait dans des excès de toux désordonnés, recevaient des coups de crosse de quelques membres influents de l'armée victorieuse.

« Les vieilles....., criait Sanado, un des plus notables représentants de cette armée, elles aimeraient mieux mourir que de tousser si elles se trouvaient à confesse ! »

Les trois déesses avaient les yeux rouges ; elles éternuaient désespérément, et il était évident qu'elles eussent bien voulu s'asseoir. Les membres de la Société populaire les accablaient d'injures cyniques ou leur posaient des questions obscènes. Les frères, les pères, les amoureux des jeunes filles, les fils des vieilles dames se sentaient le *cœur enragé*, comme le disait plus tard Francelin Martecheu ; mais nul n'osait bouger.

La colère de Pansu Vasseur ne connut plus de bornes quand il vit Mademoiselle de Caumont poser contre l'autel la faucille qui la changeait en déesse de la Fraternité, et tendre son parapluie. Il tira son sabre, et l'on crut qu'il allait se précipiter sur la jeune fille.

Mais sa femme sortit de la foule, courut sur lui.
et le tirant par les insignes de son grade, elle lu
dit en colère :

— Est-ce que la République va empêcher lesi
gens enrhumés d'éternuer, à présent?...

— Les misérables ! cria une vieille fille folle
nommée Suzette ; ils vont supprimer les para-
pluies comme ils ont supprimé le bon Dieu !...

On courut sur Suzette, qui s'esquiva et se perdit dans un autre groupe assemblé au milieu de la
place.

Là, le citoyen Patoulet, receveur des droits
d'enregistrement et des domaines nationaux, se
tenait en face d'un bûcher où il jetait solennellement les registres, *cueilloirs*, lettres de prêtrise,
titres de noblesse, commissions d'officiers, croix,
ordres, décorations, livres d'histoires, titres de
rentes, et autres signes de fanatisme et de féodalité,
à lui remis par les propriétaires.

Un groupe composé des ex-officiers, ex-nobles,
aristocrates, modérés et suspects du pays, avait
été convoqué près du bûcher. Surveillés par les
gardes nationaux, ils étaient engagés, à coups de
crosse, à chanter des hymnes patriotiques. Le peuple, chantant et dansant, « bénissait ses représentants de l'avoir débarrassé de tous les tyrans
féodaux de l'ancien régime, à jamais confondu. »

Mais la foule la plus grande se trouvait rassemblée à l'extrémité orientale de la place, autour d'une charrette arrêtée et qu'on avait tournée dans la direction de l'autel de la patrie, afin que les gens entassés dans la voiture pussent faire leurs dévotions à la déesse Raison, avant de continuer leur chemin pour le tribunal révolutionnaire de Boulogne.

Une troupe de gardes nationaux de cette dernière commune entourait la charrette. Ils étaient commandés par le citoyen Ribersart, l'ex-vicaire de mon oncle le curé. Quatre gendarmes à cheval escortaient à leur tour les gardes nationaux.

L'Agent national de Boulogne, porteur d'un ordre du citoyen Belle, président du district, suivait dans un carrosse de ci-devant, mis en réquisition pour la circonstance et pour toutes les circonstances de la vie du citoyen Agent national. La charrette appartenait à l'un des suspects arrêtés, et l'Agent national avait trouvé ingénieux de forcer ledit suspect à conduire lui-même la voiture qui le menait sans doute à la mort.

Une masse de citoyens en délire sautaient et hurlaient autour des prisonniers, les accablant d'injures, de menaces, de boue et de projectiles, qui n'atteignaient que trop souvent leur but.

Deux des prisonniers, un vieillard à la physionomie martiale et un jeune homme un peu pâle, mais dont les yeux lançaient des éclairs, paraissaient surtout en butte aux haines de la foule. Ils étaient liés au fond de la charrette. Des gouttes de sang coulaient sur leur front et sur leurs joues plaquées de boue.

« — Bravo ! Rabot, crièrent plusieurs voix, crève-leur les yeux à coups de cailloux, à ces aristocrates. Tape dessus ces deux-là surtout, le vieux et le jeune, les plus grands suspects du pays : le vieux Guémy et le jeune Déricault. A la guillotine ! »

Et l'on chanta en chœur, sur l'air de *Vive Henri IV* :

> Aristocrates,
> N'allez plus au marché ;
> Les démocrates
> Vous mettront au panier.
> A...a...ristocra...tes,
> N'allez plus au marché.

— Citoyens, dit un petit homme en perruque poudrée et en habit bleu de roi, n'insultons pas ceux qui sont sous la main de la loi ; en les atteignant, cette main les protége, et attendons pour les maudire qu'il soient reconnus coupables.

— La République ne peut pas se tromper, hurla Rabot, en voyant l'impression produite par les paroles du vieillard, et un suspect est toujours coupable. Suis-je suspect, moi ? Mais toi, citoyen Bellanoy, tu es un aristocrate avec ton habit bleu de tyran. Tu as été député à la Constituante, c'est vrai, mais nous savons bien que tu n'as pas voté la mort du Capet. A quoi as-tu été bon, alors ?

— Citoyen Rabot, dit une sorte d'hercule, à la figure ronde, ouverte et riante, il me semble que je flaire la dénonciation. Je suis Morvilliers, paysan, bon républicain. Vive la république! continua-t-il en élevant ses poings formidables, et redoutés à trois lieues à la ronde : mais je n'aime point les lâches, ni surtout les dénonciateurs.

En disant cela, il saisit Fauquembergues, dit Rabot, par le collet gras de sa carmagnole en loques, le souleva à un pied de terre, et le laissa retomber négligemment.

— Le devoir d'un bon républicain, continua-t-il, c'est d'aller aux frontières défendre la patrie quand elle vous appelle, ou de rester ici à veiller aux côtes, de crainte que les Anglais n'y viennent. Tiens, où est-il ?

Il se baissa, releva Rabot, et lui dit de sa voix de stentor, en le regardant entre les deux yeux :

— Je flaire les dénonciateurs comme un chien flaire un lapin, et je les casse sur mon genou comme un manche à balai. Vive la République !

— Vive la République ! dit en s'avançant un grand garçon à l'œil égaré, porteur d'une besace.

Il était suivi d'un vieillard à longue barbe blanche, portant une boîte en bois rendu luisant par l'usage, et attachée par des bretelles sur ses épaules brisées.

Le bonhomme, — qui n'était autre que messire Claude, — avait une physionomie impassible ; il tenait les yeux presque constamment baissés. Une blouse bleue, ternie, quoique propre, recouvrait ses épaules, et il portait un bonnet de coton blanc orné d'une immense cocarde tricolore. Il s'appuyait sur un bâton à longues lanières de cuir et était suivi d'un chien boiteux.

—Quoi ? demanda le porteur de besace, en montrant la charrette.

— Tiens, c'est Camarade, dit Bizet ; encore un aristocrate que la République déportera bientôt.

— Menteur ! cria le fol en montrant un poing respectable !

Bizet éclata de rire.

— Et qu'est-ce que tu nous amènes ici ? dit-il, un gueux de ta famille ?

— Oui, répondit simplement Camarade. Mon oncle, Pierre Guibolle, colporteur du pays par là. Plus rien à faire là-bas. Certificat de civisme. Sourd comme un pot. Mais qui est dans cette charrette ?

— On te dit que ce sont des brigands, ex-nobles, des parents d'émigrés, des ennemis de la patrie. Tu les connais bien. Le premier, qui conduit, c'est Leleu et sa femme, des fermiers suspects ; les deux autres, c'est Coquelin et sa femme, des bourgeois fanatiques ; puis Allan, de Questrecques, un meunier accapareur ; puis Déricault et Tutil Guémy, aristocrates ex-nobles et parents d'émigrés.

Le vieux colporteur leva les yeux au ciel ; puis, fixant ses regards sur l'un des prisonniers, il fit un signe de la main.

— Arrêtez le vieillard ! cria le lieutenant Ribersart ; il échange des signes de conspiration avec les prisonniers.

Il se précipita, escorté de Jean Bedove.

— Mon oncle ! colporteur ! Pierre Guibolle, sourd comme un pot ! cria le fol, en assénant un coup de poing dans la poitrine de Jean Bedove, tandis que le chien boiteux sautait à la gorge du lieutenant.

— A moi ! cria celui-ci en se débarrassant du chien par un coup d'épée.

— Bon ! qu'est-ce qu'il y a encore ? dit Morvilliers en accourant.

Il saisit vivement le bâton du vieillard et en donna un tel coup sur le poignet du lieutenant, que celui-ci lâcha son arme.

— Tu es bien vif, citoyen officier, pour un ancien curé, dit Morvilliers en riant.

— A moi, gardes nationaux ! cria Ribersart ; chargez les armes et tirez-moi sur ce gredin d'aristocrate et tous ses compagnons.

— Ah ! c'est comme ça ! murmura Morvilliers, tandis que son œil riant se chargeait d'éclairs.

Il sauta sur l'officier, le tint devant soi en lui callant les deux coudes au corps si violemment, qu'il lui faisait craquer la poitrine.

— Morvilliers ! hé, les amis ! cria-t-il d'une voix qui domina le bruit.

Une partie de l'armée victorieuse déserta l'autel de la patrie et accourut.

— Ce sont ces bourgeois-là, dit Morvilliers, en serrant le lieutenant gémissant, qui viennent mettre le trouble chez nous. Sommes-nous des Anglais, par hasard ? et ils veulent tirer sur moi parce que je défends notre liberté républicaine.

— Nous ne laisserons pas tourmenter Morvilliers, crièrent les jeunes gens en croisant la baïonnette.

— Ah ! et Morvilliers non plus ne se laissera pas tourmenter, cria celui-ci, en jetant à terre son prisonnier.

Et, saisissant un fusil, il fit un moulinet si formidable que les citadins reculèrent jusqu'à la charrette.

Les gendarmes s'avancèrent avec calme.

—Bon, allons, les amis, dit Morvilliers, écrasons tout.

Francelin Martecheu et quelques braves se précipitèrent pour tenir tête aux agents de la Terreur.

L'agent national sauta hors de l'équipage et se jeta entre les combattants.

Pendant ce temps, le colporteur, sur un signe de M. Bellannoy, s'était retiré de la foule et avait suivi ce dernier, tandis que Camarade, après avoir pris le chien boiteux dans ses bras, s'était dirigé vers Questrecques.

Ce fut la dernière fois qu'on eut quelques nouvelles de mon oncle le curé.

Il avait voulu, à la nuit close, quitter la maison de M. Bellannoy. Nous supposâmes toujours qu'il avait été reconnu, guetté et assassiné par le citoyen Ribersart, aidé d'un homme du pays, nommé Vuidelàme. Ce fut, du reste, l'opinion du vieux Pierre et de Francelin Martecheu.

FIN DES MÉMOIRES DE MON ONCLE.

UN

PAYSAN DE L'ANCIEN RÉGIME

A MADEMOISELLE CATHERINE D'HÉRICAULT

Tu es restée longtemps, ma chère tante, auprès du foyer paternel, tandis que tout le reste de la famille nombreuse s'éloignait comme les abeilles qui s'exilent quand la ruche est trop pleine. Mais notre souvenir vole toujours vers ce domaine qui a vu les sourires et les larmes de nos pères, et où nous-mêmes nous avons passé les plus beaux jours de notre rieuse enfance. Pour moi, la pensée du cher pays me serre parfois le cœur comme le souvenir d'un ami perdu ; il m'en faut parler alors, et pour me consoler de n'y pouvoir courir, il me faut dire combien le paysage y est clair, le soleil doux, l'ombre fraîche et le regard réjoui. C'est bien là ce que j'ai essayé de faire dans ce roman.

UN
PAYSAN DE L'ANCIEN RÉGIME

———&c∝&⸰———

CHAPITRE PREMIER

Quelques mois après ma douzième année, nous dit un jour notre cousin Louis d'Authy, que nous avions prié de nous raconter une histoire de sa jeunesse, je fus pris d'une rougeole violente, compliquée d'une fièvre à laquelle les médecins ne comprirent rien, mais à l'aide de laquelle ils m'amenèrent à deux doigts de la mort ; de sorte que vous voyez en moi un homme à qui on a mis, comme disent les bonnes gens, le drap par-dessus la tête. En effet, après une consultation orageuse, celui de tous les médecins présents qui avait naturellement la mine la plus lugubre fut députe par les autres pour annoncer à mon père que j'avais encore trois heures à vivre, s'il plaisait à Dieu. Après quoi il le salua d'un air mélancolique et mena un de nos parents jusqu'au seuil de la maison, pour lui prouver amèrement l'incroyable ignorance de ses confrères. Mon père ne désespéra pas, et je vous avertis, mes amis, que vous ne m'entendrez jamais dire du mal de la tisane bouillante, puisque c'est à elle que je dois d'avoir soulevé, pour longtemps j'espère, ce drap que les médecins m'avaient jeté sur la tête.

La convalescence fut longue comme vous pouvez penser. Il fut décidé que j'irais à la campagne pour compléter le merveilleux effet de la tisane ; et, le printemps venu, on m'envoya dans une ferme que nous possédions en Boulonnais. Il fut arrêté, en outre, que M. Hamus reprendrait le cours de ses leçons. On lui devait bien cela. Nul n'avait suivi les progrès de ma fièvre avec plus d'anxiété : il ne passa aucun jour sans venir demander de mes nouvelles avec des lèvres tremblantes, ne quitta jamais la maison sans essuyer ses yeux, et il avait dit bien souvent à notre vieux domestique que j'étais pour lui une tête chère, *carum caput, imo carissimum*. Il est vrai que j'étais son seul élève, et que son vénérable chapeau était devenu bien roux pendant ma maladie.

Je ne voudrais cependant pas calomnier M. Hamus. C'était un homme pieux et doux, simple comme un mandarin d'opéra-comique, et naïf comme la Belle-au-Bois-Dormant pendant la première heure qui suivit son réveil; en outre, il connaissait ses classiques comme un jésuite du dix-septième siècle. On ne lui avait jamais connu qu'un défaut; encore ce défaut lui était-il venu bien tard: il s'était marié. Vous pensez qu'il ne m'entre pas dans l'esprit de faire une plaisanterie banale sur le mariage, point; mais il est certain que M. Hamus s'était perdu dans l'estime publique en se mariant. Il avait vécu jusqu'à cinquante ans sans avoir jamais considéré la femme autrement qu'au point de vue des narrations de rhétorique. C'était une amplication délicate à traiter, mais qui pouvait produire de beaux effets : 1° comme jeune fille, synonyme, l'Aurore aux doigts de roses, etc.; 2° comme épouse, synonyme, le lierre flexible, etc.; 3° comme mère, synonyme, le pélican qui, etc. Un hasard, qui fit passer devant ses fenêtres, deux fois par jour, une couturière sage et modeste, lui révéla qu'il y avait des femmes en dehors des exemples de la grammaire de Lhomond. Il procéda gravement à l'étude analytique de cette découverte. Il relut tous ses classiques, non plus pour y trouver les élégances du discours latin, mais pour apprendre ce que les autorités disaient d'une combinaison merveilleuse qui se présentait à son esprit. Ces autorités contenaient, comme c'était leur devoir, des dactyles et des spondées sur les félicités domestiques. La combinaison, pour être merveilleuse, n'était donc pas insensée; il épousa cette couturière sage et modeste, d'ailleurs pleine d'une candeur charmante au sujet des plus innocentes règles de la grammaire française. Cette dernière vertu mit le trouble dans le ménage. Mme Hamus ne tarda pas à passer du mépris de la syntaxe nationale à la haine du doux Virgile, au dédain du vieil Homère, et le digne savant, tiraillé entre ses anciennes amitiés et ses nouvelles amours, perdit bientôt l'espérance de les accorder. De plus, il avait dû quitter sa place : le collége ecclésiastique où il professait les belles-lettres grecques et latines, n'admettait pas de professeurs mariés.

Il comprit bientôt, le bon et naïf homme, le sens douloureux de cette maxime qu'il aimait tant à répéter dans ses jours de gaieté immodérée: « *Item*, il faut vivre. » Ses larges souliers ferrés n'étaient plus brillants; les cordons de cuir y avaient remplacé les lacets de soie qu'il nouait en une si belle rosette; la cravate blanche avait cédé la place à la cravate noire, et sa longue redingote noire, son gilet noir, son pantalon noir avaient successivement passé du roux au râpé, du râpé au gras, du gras au reprisé. C'étaient ses habits de noce, et je lui entendais dire parfois, quand il souriait avec les larmes aux yeux, que ses vêtements avaient passé du plaisant au sévère. Souvent aussi, bien souvent, je l'ai vu apporter sa monumentale tabatière complètement vide ; il ne pouvait s'empêcher de l'ouvrir à chaque minute, puis il portait les doigts à son nez en arrondissant le bras et en avançant la tête comme au temps où il craignait de laisser tomber sur son pantalon quelques grains du tabac dont il avait plaqué son large pouce. Il commençait même encore à battre de son ongle le devant de sa chemise, mais il s'arrêtait bientôt avec un sourire résigné et mélancolique en secouant la tête comme pour se moquer de sa distraction. Je le vois encore avec son long corps maigre, sa figure osseuse et son nez si large, si gros, si long, avec ses éternels bas de coton bleu surtout, car il avait usé depuis longtemps les bas de soie noire dont il s'embellissait aux jours de fête. Je ne me rappelle plus bien les autres détails de sa personne ; il me semble cependant parfois revoir, comme dans un rêve, l'expression calme et timide de ses yeux toujours si facilement effarouchés !

Mon père, qui lui avait confié le soin de mon éducation, lui offrit, une fois ma maladie terminée, de m'accompagner aux Champs-Greslins ; c'était le nom de la ferme. Mais, d'une part, ma mère insis-

tait pour qu'on ne me fatiguât pas trop tôt l'esprit ;
de l'autre, madame Hamus ne voulut pas entendre
à ce que son mari la quittât. Il fut donc arrêté que
chaque jeudi une voiture amènerait le matin
M. Hamus à la ferme et le ramènerait le soir à la
ville. Pendant cette journée, nous devions nous
escrimer contre les consuls romains et élucider,
jusque dans leurs moins accessibles profondeurs,
les vers de Virgile; enfin, si l'*Iliade* d'Homère et
la délimitation des frontières de l'Afghanistan le
permettaient, nous tâcherions d'apprendre la grammaire française et de mettre une paix durable entre
les participes et les régimes. Mon père ne fit, du
reste, qu'une seule recommandation à M. Hamus ;
il ne fallait pas répondre à mes questions.

Ici, j'entre en scène, et sans grande fierté. J'étais
en effet, un véritable enfant, plus naïf, plus ignorant de toutes choses qu'on ne l'est ordinairement
à dix ans ; avec cela, curieux et raisonneur comme
un vieux juge. La vie de famille m'avait conservé
une candeur parfaite ; mais toute chose nouvelle
me frappait vivement ; toute idée, toute phrase que
j'entendais pour la première fois me tourmentait
jusqu'à ce que j'en eusse reçu l'explication. On
comprend dans quelle singulière position devait se
trouver un précepteur simple de cœur, naïf et sincère, en face d'un jeune homme de treize ans, can-

dide, ignorant, curieux et raisonneur ; aussi mon père, craignant cette simplicité de M. Hamus, lui avait-il recommandé la réserve la plus absolue, et je dois reconnaître que le digne homme était incapable de suivre cette recommandation.

Notre jeudi de chaque semaine se passait, en partie, au bout de la Petite-Pâture, dans un ancien chemin, maintenant retiré de la circulation, solitaire, ombragé, plein d'herbes, et surmonté de buissons de ronces. Le bon M. Hamus traînait au pied d'un orme gigantesque une demi-gerbée de belle paille ; la ferme n'était qu'à mille pas, et il ne dédaignait pas de porter la demi-botte sous son savant bras gauche, tandis que, sous l'autre bras, se prélassait le *Virgile* in-4° du père de La Rue. Il avait dans une poche deux volumes de l'*Histoire romaine* de Rollin ; dans l'autre, une géographie, un cahier et des crayons. Moi, je ne portais rien ; je représentais la science moderne. Nous nous installions au pied de l'arbre, et nous nous jetions à travers les beautés de l'*Enéide* avec une joie tempérée par les oscillations constantes du vieux tronc d'arbre qui me servait de siége.

Les premiers vers allaient fort bien. M. Hamus avait l'habitude de les expliquer pour me mettre en train, disait-il, et pour me pénétrer tout entier de la beauté divine du prince des poëtes. Après le

vingtième vers, il s'arrêtait et faisait un léger grognement pour m'engager à commencer. Il conti-
nuait lentement, d'une voix pleine d'intonations en-
courageantes, comme pour m'exposer à la tentation
de prendre la suite des vers; puis, n'entendant rien,
il me regardait. Il me trouvait les yeux en l'air,
occupé à suivre les évolutions du petit papillon
bleu voltigeant autour du mouchoir dont il abritait
sa tête, ou de la guêpe qui menaçait le col gras de
sa redingote. Le scarabée aux ailes d'émeraude
s'approchait gravement de la taupinière où une
tribu de fourmis avait établi sa ville capitale ; le
rouge-gorge et le hoche-queue se livraient à mille
gambades parmi les feuilles ; j'avais oublié Virgile.
M. Hamus cherchait la direction de mes regards ;
l'agitation des fourmis l'intéressait bientôt autant
que moi-même ; il faisait un geste bienveillant pour
éloigner la guêpe, suivait le rouge-gorge de branche
en branche et souriait au petit papillon bleu. A son
tour il oubliait l'*Enéide*.

CHAPITRE II

Ces jours qui jouaient un si grand rôle dans la
vie de mon précepteur ne me tourmentaient guère :
je détestais cordialement le latin ; mais je l'apprenais si mal, que je m'étais presque réconcilié avec
lui. Le soir du jeudi venu, et le coup de fouet
donné à la vieille *Grise*, bête prudente et grave à
laquelle M. Hamus aimait à confier ses destinées,
je jetais sans colère, mais sans respect, les livres
dans un grand filet de pêche, je dessinais sans mé-
chanceté, mais sans art, une millième édition du
nez de M. Hamus, et jusqu'au jeudi suivant je
reprenais la vie sauvage, la vie vagabonde, au
grand air, sans travail et sans soucis.

Tout le monde, à la ferme, aimait en moi le fils
des *signeux*. Ceux-ci, les anciens seigneurs, sortaient d'une famille renommée pour sa générosité
et sa probité ; ils avaient toujours été charitables,
fiers et familiers tout à la fois, doux aux bons et
rudes aux méchants, aux paresseux, aux imperti-

nents. J'étais moi-même, comme je vous ai dit, un véritable enfant, offrant tout ce que je possédais, sautant sur tous les genoux, caressant tout le monde, assez *fiérot* cependant pour ne pas encourager les mauvais procédés. Tout allait donc bien à la ferme, et comme la ferme passait pour l'établissement le plus important du village, comme notre fermier était maire, riche et considéré, il était bien difficile d'être respecté à la ferme sans être honoré au village. J'étais dans le pays comme un petit roi, recevant les bonjours des paysans *délurés*, les hochements de tête des lourdauds, les embrassades des paysannes mûres qui appartenaient à l'aristocratie champêtre, tandis que de mon côté je souriais amicalement aux jeunes filles et je distribuais des gros sous aux jeunes garçons.

Dans ce domaine, la partie que je préférais, c'était à coup sûr le val du Moulin. Il ne s'écoulait guère de jour que je n'y allasse passer quelques heures, un peu à cause du moulin, dont le tic-tac me semblait une voix indéfinissable, mais surtout à cause du meunier, pour lequel je professais une admiration qui désolait intérieurement M. Hamus. Le *meunier blanc*, comme on l'appelait, était un vieillard d'une soixantaine d'années, petit et replet, toujours chantonnant, remuant, murmurant. Il était illustre dans le voisinage pour la facilité avec laquelle il lisait dans le premier livre venu, et il possédait dans un coin de son moulin quelques volumes dépareillés de la bibliothèque Bleue, qui étaient sa gloire, son triomphe, son titre incontestable au respect de tous. Il parlait toujours, d'ailleurs, de Charlemagne, d'Olivier, des quatre fils Aymon montés sur un grand cheval, de Jehan de Paris et des *bonnes attrapes* qu'il fit, dans les temps, au roi des Anglais. Il traitait tous ces personnages avec une honnête familiarité, comme il convient à un paysan sage qui parle des gros bourgeois du voisinage. Pour moi, ses histoires me paraissent merveilleuses, et je ne pouvais me lasser de considérer ses yeux noirs et vifs brillant sous ses gros sourcils au milieu de sa figure blanche de farine.

Souvent je quittais la ferme dès le matin, je traversais le verger et la pépinière, je longeais le petit bois, je m'aventurais dans une ruelle que l'on nommait la rue Noire, et au milieu de laquelle je me rappelais toujours quelque histoire de brigand. Je descendais alors d'un pas précipité le versant de la colline, et je chantais quelque chanson rustique, pour annoncer ma venue. Quand j'avais vu la figure blanche du meunier apparaître au-dessus de sa demi-porte coupée, j'accourais en gambadant me jeter sur le tas des sacs de blé qui attendaient, adossés à l'extérieur de la muraille, que leur tour vînt d'entrer dans l'entonnoir; puis, jusqu'à ce que le seigneur du moulin vînt me rejoindre, je restais perdu dans la contemplation du paysage. Pourquoi le trouvais-je si doux à regarder ? je n'en sais rien autre que ce que je vous ai dit : il me faisait une impression de clarté sereine et de fraîcheur sans pareille. Maintenant, quand j'y songe, je retrouve cette impression tout entière, et je m'explique mieux pourquoi je sentais cet endroit si sauvage, si agreste, si gracieux à mon imagination.

Le moulin était une toute petite maison en briques, bâtie au milieu du val, au bas des deux pentes, à côté d'une chute naturelle de l'eau d'un petit ruisseau.

Le coteau de gauche montait en pente rapide jusqu'à une pauvre cabane bâtie en argile et recouverte de paille effondrée par endroits, verte et moussue ailleurs. Une maigre haie de vieilles épines entourait un petit jardin, grand comme *un tablier de bourgeoise*, et par-dessus la clôture on voyait s'élever les branches presque sèches du prunier. Il ne portait plus de fruit depuis longtemps, mais il avait encore une destinée sur cette terre : il servait d'observatoire à un coq magnifique qui, contre l'usage de ses pareils, passait sur les branches la plus grande partie de sa vie. Que faisait là *maître Chanteclair*, toujours pensif et grave, l'œil

constamment fixé sur les terrains sablonneux et sté-
riles qui s'étendaient du côté gauche de la cabane ?
Je me l'étais demandé souvent, et je l'avais demandé
au meunier : « il surveillait ses trois poules qu'il
savait être malhonnêtes, et portées à marauder dans
les blés des voisins. » C'était la réponse du meunier, et cette réponse m'avait paru satisfaisante. En
somme, tout le coteau était pauvre comme la cabane ; il produisait des bruyères et des genêts, çà
et là quelques pieds de roseaux, quelques touffes de
glaïeuls qui naissaient dans les cavités humides.

La colline de droite montait en pente douce jusqu'à une ferme couverte en tuiles rouges, qui se
cachait au milieu d'un grand verger planté de
pommiers, de noyers, de cerisiers. Cette colline,
fertile et réjouissante à voir, était découpée par
des haies vives en grands carrés semés de blé,
d'avoine, de fèves et de trèfles. Du moulin j'entendais les vaches mugir dans le verger, les chiens
aboyer dans la cour ; quelque jeune poulain hen-
nissait dans la pâture derrière la ferme, et un coq,
un coq bavard s'il en fut, chantait à chaque heure
du jour comme pour narguer les réflexions silen-
cieuses de son immobile voisin. Tout ce bruit de la
vie champêtre s'élevant vers Dieu à l'heure de midi
me réjouissait le cœur, et je sentais bien le con-
traste qui existait entre ces deux collines.

Pourtant le Seigneur n'avait refusé leur part de beauté et de bonheur ni à la pauvre cabane, ni à la pauvre colline. Les glaïeuls étalaient leurs pointes d'épées roses, les genêts tapissaient les pentes abruptes de nappes dorées, et bien souvent du pied du vieux prunier j'entendais monter vers le ciel une voix franche et fraîche de jeune fille qui chantait à pleins poumons les chants de la moisson. J'écoutais presque toujours paresseusement cette musique tout à la fois triste et joyeuse ; mais quand la ligne noire marquait onze heures au cadran du moulin, mon cœur battait légèrement, et je tendais l'oreille avec une sorte d'anxiété impatiente vers la cabane. C'était alors que la jeune fille entonnait vivement le chant des fiancés :

> Ein m'nant noz vacq's à la pâture
> J'ai rencontré em' n'amoureûx (1).

Elle chantait le premier couplet ; parfois c'était tout, et je faisais la moue ; mais presque toujours une voix mâle, claire et hardie sortait du verger de l'autre colline et reprenait le couplet suivant :

(1)   En menant nos vaches à la prairie
        J'ai rencontré mon amoureux.

Edmindez din tout noz village
Comme j' sait-i bin travayer (1).

Puis la jeune fille sortait du jardin, le jeune homme du verger, et chacun, d'un pas leste, descendait sa colline en se renvoyant alternativement les couplets de la romance rustique jusqu'au dernier que chantait la femme :

Quant o serons à not' menage
J'aurai toudis bin soin d'Franço (2).

Tous deux s'approchaient du bord de la rivière, à un endroit où, trop large pour pouvoir être franchie, elle était ombragée par quelques jeunes saules entourés de bois d'aunes ; chacun des jeunes gens s'enfonçait dans un des buissons placés l'un vis-à-vis de l'autre, de chaque côté de la rive. Je ne les en voyais sortir qu'au premier coup de l'*Angelus* sonnant à l'église du village. La fillette s'éloignait en murmurant ses *Ave Maria*, et, après avoir fait le signe de la croix, elle remontait légèrement le sentier qui conduisait à la cabane. Le jeune paysan s'en allait vers la ferme de ce pas lourd et alangui

(1)   Demandez dans tout notre village
        Comme je sais bien travailler.

(2)   Quand nous serons à notre ménage
        J'aurai toujours bien soin de François.

propre à ceux qui travaillent dès la première heure du jour ; et quand la cloche de l'église avait achevé ses trois coups et le carillon, il reprenait, en sifflant, l'air qu'il avait chanté une demi-heure auparavant en descendant vers la rivière.

Ce spectacle m'intéressait ; je ne savais pourquoi, mais il m'émouvait d'une façon gracieuse et mystérieuse tout à la fois. Quelque chose que je ne comprenais pas davantage, une sorte d'instinct de discrétion, sans doute, m'avait bien longtemps empêché d'interroger là-dessus le meunier blanc. Un jour, cependant, comme vous pouvez bien le supposer, la curiosité l'emporta :

— Meunier blanc, lui criai-je d'une voix contenue, venez vite !

— Me voilà en un moment ; le blutoir est paresseux, cette matinée ; il sent le coup de *none* (1) qui approche ! Et puis quoi ? fit le vieillard en allongeant son bonnet de coton blanc constellé de plaques de farine.

— Voyez-vous ? lui dis-je avec un discret signe de menton.

— Oui, c'est Flore qui va dans le bouquet d'aunes. Fidéri va venir. Et il se retourna comme pour rentrer.

(1) Midi.

— Mais pourquoi viennent-ils, meunier blanc?

— Tiens, *droitement*, parce qu'ils sont des amoureux.

— Ah! fis-je comme en réfléchissant; — non, restez encore une petite minute, meunier, — dites-moi ce que c'est que des amoureux.

— C'est des gens qui s'aiment, monsieur Louis

— Je sais bien cela; ne vous moquez pas de moi, vieux meunier; mais pourquoi est-ce qu'on s'aime?

— Mais, pour se marier.

— Alors, pourquoi ne se marient-ils pas?

— Ah! mais perlipopette, aucunes fois on veut se marier et on ne peut pas.

— Alors, pourquoi le bon Dieu permet-il qu'on s'aime?

— Tenez, notre petit monsieur, quand Jehan de Paris, éveillé comme une linotte, et le roi des Anglais, badaud comme ils le sont tous, ces Anglais du diable, quand ils s'en allèrent pour épouser la fille du roi d'Espagne, ils l'aimaient tous les deux, pour sûr, et nonobstant il n'y en avait qu'un qui pouvait se marier avec elle. C'est-il pas vrai? Alors vous voyez qu'on peut commencer à aimer quelqu'un et ne pas se marier, si le bon Dieu ne veut pas.

— Oui, mais, — ah! je ne sais plus; il me

semblait que j'allais vous dire quelque chose contre cela. Dites encore, meunier blanc, cela me reviendra.

— Je n'ai pas le temps, droitement ; il faut que je secoue le blutoir, monsieur Louis.

— Dites-moi, au moins, pourquoi ils ne peuvent pas se marier.

— Vous ferez bien mieux d'aller le demander à Flore ; elle doit le savoir mieux que moi, non pas ?

— Tiens, je n'y ai jamais pensé ; oui, j'y vais.

CHAPITRE III

Je remarquai que Fidéri avait été retenu par quelque voisin au milieu de la colline, et je m'avançai bien doucement vers le bouquet d'aunes dans lequel Flore s'était enfoncée. Quand je fus assez près pour la voir, je m'arrêtai, et je me demandai comment je pourrais entamer la conversation. Jamais je ne m'étais senti si embarrassé, à vrai dire, jamais je ne l'avais été le moins du monde; je disais tout simplement et comme un jeune sauvage ce qui me passait par la tête; mais les choses que je venais demander me paraissaient instinctivement plus mystérieuses que celles sur lesquelles se portaient ordinairement mes interrogatoires.

Flore était assise sur un jeune saule qui s'avançait au-dessus de l'eau et formait un angle dans le coin duquel on pouvait s'asseoir, en passant un bras autour d'une des basses branches de l'arbre. De l'autre côté, un autre saule s'avançait d'une façon analogue, de manière cependant à forcer celui qui s'en servait à se tenir, non plus assis, mais debout. Le hasard semblait avoir disposé ces arbres pour que les deux fiancés pussent se parler sans trop élever la voix, et pour qu'il leur fût possible d'arriver, avec un très-grand effort pourtant, à se serrer la main. Flore tricotait un bas de gros fil gris, semblable à ceux qu'elle portait. Sa toilette se composait d'un jupon de droguet à raies perpendiculaires vertes et brunes, d'un tablier de toile grise et d'un casaquin d'indienne violette. Ce casaquin, la jeune fille le mettait pour venir voir son fiancé, car le reste du temps je la rencontrais sans autre vêtement que son jupon et sa chemise de grosse toile à longues manches boutonnées au poignet. Elle était ce qu'on appelle une belle fille, c'est-à-dire grande et forte, capable de charger un sac de blé sur l'épaule d'un homme, et de remuer une botte d'avoine au bout d'une fourche comme le plus robuste des garçons de ferme. Sa figure ronde, hâlée, ses cheveux châtain clair, peu abondants, et que le grand air auquel ils étaient constamment exposés avait recouverts d'une uniforme couleur de rouille, tout cela n'en faisait pas une bergère des rives du Tendre. Il n'y avait de remarquable en elle que ses yeux, qui étaient doux, d'une expression bienveillante, chaste et touchante, et ses dents petites, blanches et bien rangées.

Un faux mouvement qu'elle fit sur son arbre l'obligea à lever la tête, et elle ne put s'empêcher de laisser échapper une légère exclamation de surprise en me voyant debout en face d'elle. Elle se remit vite, et me dit en souriant doucement :

— Bonjour, monsieur Louis ; c'est comme ça que vous venez faire peur au monde !

— Je n'ai point voulu te faire peur, bonne Flore ; j'aurais craint de te faire tomber dans la rivière, et je ne sais pas si j'aurais pu te repêcher. Je ne voudrais pas te faire mal.

— Je sais bien ça, monsieur Louis ; grand-père dit toujours que vous ne seriez pas de votre famille si vous étiez méchant.

— Je voulais seulement te demander, bonne Flore, pourquoi tu viens ici chaque jour ?

— Pour voir Fidéri.

— Oh ! je sais bien ; et je t'avertis de ne pas être inquiète s'il n'est pas encore venu : il a été arrêté par Louis-Marie Têtu, je crois, auprès de la haie du trèfle incarnat.

— Je croyais bien qu'il y avait quelque chose comme ça, dit-elle tranquillement.

— Alors, tu veux bien causer avec moi ? Veux-tu tout me dire, sans me répondre comme à un enfant ?

— *Assuré*, monsieur Louis.

10.

— Fidéri est ton amoureux, n'est-ce pas ? il y a bien longtemps, hein ?

— Oh ! oui. J'ai vingt-quatre ans, vienne Notre-Dame de septembre, et lui vingt-huit, le samedi après la Saint-Jean d'hiver ; j'avais dix-huit ans et lui vingt-deux quand nous avons fait connaissance, un jour de grand orage, le soir de la Toussaint, quand la rivière était débordée. Il était venu à *sauveté* à la maison. Savez-vous combien de temps ça fait, monsieur Louis ?

— Mais, oui, six ans. Et alors, pourquoi ne vous mariez-vous pas, puisque vous vous aimez depuis six ans ?

— Ah ! dame !

— Dis-le moi, bonne Flore, tu m'as promis de tout dire.

— Comme à M. le curé, n'est-ce pas ? M. le curé me l'a demandé souventes fois, mais je ne lui ai pas dit.

— C'est mal cela, Flore !

— Il m'a nonobstant toujours pardonné, parce que si je ne lui ai pas dit, c'est que je ne le sais pas.

— Ah ! dis-je en m'asseyant sur le bord ; eh bien, moi, je te le dirai : c'est que tu es trop pauvre. Attends que je te dise encore quelque chose. J'ai deux cent trente francs que l'on m'a donnés pendant ma maladie, pour me faire boire je ne sais combien de mauvaises médecines ; et si tu veux te marier avec Fidéri, je te les donnerai.

La jeune fille laissa tomber son bas sur son genou et me regarda avec une expression reconnaissante et émue. Je me levai, et, poussé à mon tour par un sentiment de gratitude pour l'affectueuse simplicité de ce regard, j'allai l'embrasser sur les deux joues.

— Oui, dit la jeune paysanne en me rendant mon baiser, grand-père dit que tous *vos gens* (1) ont été comme ça ; et pour sûr je prendrois bien votre argent, pourquoi non ? puisque vous aimez à le donner ; mais ce n'est pas ça la raison. Voyez-vous, Fidéri est riche, et son père aussi, et ils veulent tous deux de moi comme je suis ; mais c'est grand-père qui ne veut pas !

— C'est bien drôle. Et pourquoi ne veut-il pas, ce père Francelin Martecheu ?

— Il n'a jamais voulu le dire. Quand il a vu, il y a cinq ans sonnés, que Fidéri et moi nous voulions l'un de l'autre, il s'est mis dans un *outrage*, dans une colère que ça aurait fait trembler la croix dans un cimetière. Il m'a défendu de le voir jamais, ni de le regarder, ni de lui ouvrir tant seulement les lèvres. J'ai obéi, parce que j'aimerais mieux marcher sur les mains dans les cailloux

____

(1) Les *gens*, la famille, la parenté, les ancêtres.

cornus, que de désobéir à grand-père ; et puis je ne pourrais pas quand je voudrais. Mais je suis bientôt *devenue à rien,* n'ayant plus que la peau sur les os, et je suais rien qu'à soulever la pelle pour *escarbouiller* les cendres. M. Cardon, le médecin, un jour qu'il passait (je croirais bien qu'on l'avait envoyé), m'interrogea ; il mit son pouce et son oreille dans mon dos et sur mon estomac, et il dit à grand-père comme je vais vous le dire, car il sait bien parler : « Cette jeune fille n'a aucune maladie constuti... consti-tu-ti en elle : il est présumable qu'elle a quelque grand chagrin, et si l'on n'y re-mé-die bientôt, on peut lui dire les prières des agonisants. » Là-dessus, grand-père se mit à marronner ; et c'est bien incroyable, mais je suis sûr d'avoir entendu votre nom, pas à vous peut-être, mais à vos gens, les anciens seigneurs. Il me dit ensuite que j'étais une mauvaise, mais que je pouvais mourir si je voulais. Puis il remarronna, et de votre nom et de beaucoup de choses pendant plusieurs jours. Comme Pâques approchait, il alla à confesse, et puis il me dit que je pouvais venir à cet endroit-ci pour causer avec Fidéri, s'il ne fallait que ça pour m'empêcher de mourir, mais qu'il ne consentirait pas au mariage.

— Alors, tu te marieras après la mort du père Martecheu ?

— Non.

— Tu veux me tromper, Flore.

— Non, je dis bien la droite vérité ; mais vous ne comprendrez pas.

— Dis toujours, je comprendrai peut-être, et si je ne comprends pas, tu ne mourras pas, comme dit le meunier blanc.

— Je me suis promis de ne pas me marier après la mort de grand-père, parce que j'avais peur d'en venir à désirer sa mort.

— Et alors pourquoi restes-tu l'amoureuse de Fidéri ?

— Est-ce que le bon Dieu ne peut pas changer le vouloir de grand-père ?

Là-dessus Fidéri entra dans le buisson vis-à-vis. C'était un garçon dont il n'y a rien de particulier à dire ; peut-être seulement indiquait-il un peu plus que la majeure partie de ses voisins ce carar-tère d'obstination calme, de persévérance lourde et d'inerte bonté qui est propre aux campagnards du Boulonnais.

— Bonjour, Flore, dit-il ; bonjour, monsieur Louis. Quelle nouvelle de vous voir ici ?

— Bonjour, Fidéri ; je suis venu causer avec Flore, mais puisque vous êtes des amoureux, je vais vous laisser ensemble.

— Il n'y a pas de gêne, monsieur Louis, vous

n'êtes pas de trop, répondit Fidéri. M. le curé pourrait nous entendre deviser à chaque jour de notre vie, et il n'y trouverait pas un *fétu* à redire.

— Bien, puisque tu le veux, Fidéri, je vais me coucher là au pied des aunes.

— Comme il vous sera plaisant, monsieur Louis.

Flore reprit son bas, Fidéri s'appuya sur son saule, et les deux amoureux causèrent de la cabane et de la ferme, de la poule noire qui allait pondre dans les haies, de la vache *Blairolle* qui avait *hurté* Pataud, le chien de garde, du foin qu'on allait faucher, du blé qui venait bien ; d'un poulain qui s'était *affolé* un garrot, d'une truie, la vieille, la méchante, l'enragée, qui avait encore forcé la haie et ravagé les pommes de terre de Pierre-Louis Tètu, d'une servante qui allait partir, du dernier prix des moutons au franc-marché du bourg, du vent, du soleil et de la sécheresse. Puis, l'*Angelus* sonna. — « A revoir, Fidéri ; — à revoir, Flore. » C'était leur conversation de tous les jours.

Le garçon me dit amicalement adieu, la fille me prit silencieusement par la main, et quand elle eut achevé son *Angelus*, elle me demanda si je voulais venir jusqu'à la cabane. Sur ma réponse affirmative, elle me pria de ne pas dire un mot de mariage ni de Fidéri à grand-père ; cela pourrait renouveler

ses colères, car grand-père était un saint du bon
Dieu, mais coléreux comme un dindon mâle. Je lui
fis une promesse solennelle, et nous grimpâmes la
pente par un sentier escarpé.

CHAPITRE IV

L'habitation du père Francelin Martecheu se composait d'une chambre et d'un grenier. La chambre, avec son sol en terre battue et ses murailles blanchies à la chaux, était éclairée par une fenêtre à petits carreaux épais et verts comme le verre des bouteilles. On apercevait tout d'abord une armoire basse en bois blanc sur le haut de laquelle étaient posés quelques pots de terre vernie, deux grands plats d'étain et quelques assiettes en grosse faïence peinte. Un vieux fusil à pierre, dont le ressort avait été remplacé par un ingénieux système de ficelles, était suspendu au-dessus de la la cheminée, entre trois images aux couleurs grossières et hardiment rouges. L'une représentait le crucifiement de Notre-Seigneur, l'autre la figure de Notre-Dame de la Bonne-Mort, et la troisième le portrait en pied d'un bonhomme en pourpoint tailladé et en bonnet de peau d'Astrakan ; au-dessous de ce vénérable personnage se trouvait écrit :

Le pauvre Juif errant. Un long banc et une table de bois blanc, quatre escabeaux à trois pieds, sans dossier, complétaient l'ameublement. Un lit, placé dans le coin le plus éloigné de la porte, se composait de quelques gerbes de paille jetées sur la terre et entourées de quatre planches en sapin. A l'autre coin se trouvait une échelle par laquelle Flore montait au grenier où elle couchait.

La chambre était propre, les plats luisants, le sol bien balayé. Quand le soleil passait par le haut de la porte coupée, lorsqu'on voyait devant soi la plaine qui se développait sous le regard derrière l'échancrure des deux coteaux pour aller marier bien loin à l'horizon ses couleurs d'un vert indécis avec les premières blancheurs bleuâtres du ciel, alors on pouvait comprendre comment si souvent, du sein de cette pauvreté, la voix de la jeune fille s'élevait joyeusement vers Dieu. Mais avant d'arriver au bois, à la plaine et au blanc pied du ciel, comme disent les paysans, la vue était forcément arrêtée par le toit rouge de la ferme qui semblait narguer le chaume pourri de la cabane, et nul ne pouvait comprendre pourquoi le père Francelin avait refusé pour sa fille la possession d'un tel domaine.

Pierre Vuidelame, le père de Fidéri, passait pour riche; on assurait qu'il avait bien vingt mille francs placés sur bonne hypothèque, outre son mobilier de ferme qui était considérable. Il n'était pas regardé sans doute comme un homme avenant, ni agréable. — « Il savait, disait-on, couper un liard en quatre, et il aimait toujours grandement mieux voir les talons que le nez de ses voisins ; mais économie n'est pas une vicieuse, et personne n'avait rien à dire à Pierre Vuidelame, puisqu'il ne courait aucun mauvais bruit sur son compte.

« Autrefois, dans les temps, avant les malheurs de Francelin, celui-ci et Pierre étaient voisins et bons voisins, sans grande amitié, pour sûr, mais cela tenait à la différence des caractères, l'un, Francelin, étant charitable, droit, esclave de sa parole, facile dans ses marchés ; l'autre, égoïste, rusé et adroit. Le dernier avait monté, l'autre avait descendu ; mais, tout considéré, on ne voyait là rien, bien au contraire, qui pût empêcher le mariage de nos deux amoureux. » On avait ainsi beaucoup causé de cette affaire et à plus d'une lieue à la ronde.

Quelques-uns avaient insinué que la tête du père Francelin commençait à déménager vers l'autre monde, mais on n'avait pas tardé à abandonner cette explication. Le bonhomme, maintenant âgé de plus de soixante-dix ans, avait encore le corps aussi droit, le regard aussi sévère, l'esprit aussi clair qu'au temps où on le regardait comme le coq du village. Il était toujours de bon conseil; jamais il ne se trompait au signe du temps, et personne, pas même le vétérinaire, ne s'entendait comme lui à soigner les bestiaux, à saigner les chevaux et à tondre les moutons. Non, il n'était pas fou, et M. le curé le savait bien. Il était depuis quarante ans le quêteur pour les trépassés, le porte-étendard de saint Gendulphe, second patron de l'église, et il quêtait chaque dimanche à la grand' messe avec une voix aussi ferme, il portait, durant les longues processions des Rogations, le portrait du saint chevalier d'une main aussi solide que quarante années en çà.

Il y avait donc un mystère entre lui et Pierre Vuidelame; quel était-il? Nul ne le pouvait soupçonner. Mais pour sûr le père Martecheu, qui gagnait à grand'peine quelques sous à raccommoder des paniers, était inexcusable de faire tant le fier vis-à-vis d'un homme qui avait de bons biens au soleil. Aussi, quoiqu'il en pût être de ses raisons d'agir, était-il absolument blâmé dans les frontières des Champs-Greslins.

On reconnaissait d'ailleurs, non sans aigreur, que cela lui était fort indifférent et ne l'avait jamais empêché de porter superbement son bonnet de coton bleu à raies blanches, sa casaque et son pantalon de toile rapiécés.

Quand il me vit entrer dans la cabane, un sourire fugitif dérida sa figure maigre et austère. Il était assis devant la fenêtre, les pieds appuyés contre une manne contenant des baguettes de toutes sortes de bois flexible. Il se leva et se tint debout, son bonnet à la main. Cette preuve de respect qu'il me donnait toujours m'étonnait et me touchait; le père Francelin était en effet un homme très-fier, qui ne se levait que devant trois personnes : le curé, mon père et moi.

Cette respectueuse bienveillance qu'il me montrait n'avait, du reste, rien de servile. Moi, j'avais pour lui un respect inexplicable et profond ; il me semblait que je tenais à être estimé de lui plus que de tout autre individu en ce monde. Devant lui, je m'abandonnais moins à mes manies interrogatives ; je le laissais complétement maître de ses histoires, qui roulaient presque toujours sur les aventures de la Révolution et m'intéressaient infiniment, car il n'épargnait ni détails, ni maximes, ni couleurs vives.

— Bonjour, père Francelin, dis-je en entrant ; vous ne vous attendiez pas à me voir, n'est-ce pas ? C'est l'odeur de la soupe qui m'a attiré.

— Vous êtes toujours bien arrivé, notre monsieur. Flore, donne un trois pieds à M. Louis, il est tout essoufflé d'avoir monté la sente; mais comme on dit :

> Quand on arrive au bout
> Le chemin n'est rien du tout.

— Merci, bonne Flore. Tu ne m'as pas donné, comme la dernière fois, l'escabeau à deux pieds qui m'a fait si joliment trébucher.

— Bon, notre monsieur, dit le vieillard, vous saurez un jour qu'il ne faut jamais se fier aux filles ; les meilleures ont encore la tête un tantinet à l'envers. Feu M. de Ricault, qui était notre curé du temps que j'étais jeunet, un homme sage et grand clerc, mais ayant d'usage d'avoir le mot pour rire, aimait à dire aux jeunes filles : « Défiez-vous de l'escabeau à deux pieds » (il entendait les genoux des jeunes gens), et aux jeunes gens : « Il y a cinq cordes qui ne valent pas mieux l'une que l'autre ; les quatre premières sont les cordes du violon, et la cinquième c'est celle avec laquelle on est pendu. » Il voulait signifier, nous disait son clerc (1), Védasse Sautriau, qui était plus malin que les clercs de ce temps-ci, malgré leur grande orthographe, que

> Gens qui vont cent fois à la danse
> Vont une fois à la potence.

— Je retiendrai cela, père Francelin ; mais vous

(1), On appelle clercs, dans le Boulonnais, les instituteurs communaux.

ne m'avez pas dit si vous voulez me donner à dîner.

— Oui-dà. La soupe ne sera pas grasse, mais feu Védasse disait que :

> Trois lieues de chemin
> Font un boisseau d'un picotin.

— Et puis, père Francelin, c'est jeudi mon jour de naissance, et je veux manger une poule ici.

— C'est encore faisable, mon cher petit monsieur ; aussi bien la jeune poule n'est pas bonne pondeuse ; elle ne le sera jamais, et mieux vaut la tuer mercredi que la nourrir pour peu de chose.

— Bon, fis-je en riant et en battant des mains, je savais bien que je vous y prendrais, et j'avais voulu gager avec le meunier blanc que, quoique vous n'ayez que trois poules, vous m'en donneriez une volontiers.

— Assuré, trédame, et le coq par-dessus le marché, c'est le cas de le dire.

— Mais ce n'est pas cela : mon père va m'envoyer des provisions, et je me suis promis de venir ici...

— Mais ça n'est pas bien faisable.

— Si, je le veux !

— Dès l'instant que vous dites je veux, dit le vieillard gravement, Francelin Martecheu n'a rien à *rebecquer*.

Là-dessus, nous nous attablâmes devant la soupe

fumante. Le bonhomme porta la main gauche à son bonnet tandis que de la droite il faisait le signe de la croix, et nous commençâmes bravement à lutter contre un potage de résistance.

Après le dîner, Flore s'en alla au bourg voisin porter quelques mannes ; le vieillard vint s'asseoir devant la porte avec tout son attirail de travail ; je me jetai à l'ombre de la haie, sur une botte de paille qu'il avait tirée de son lit, et nous entrâmes en pleine histoire révolutionnaire. Quand Flore revint vers le soir, elle nous trouva nous débattant contre les assignats et le *maximum*. Le bonhomme ne pouvait sortir de ces combinaisons financières, bien qu'il invoquât fréquemment l'autorité de Védasse Sautriau, et je me persuadai facilement que celui-ci, quoique grand clerc, n'avait pas été un profond politique.

Il était temps de partir. Le vieillard secoua la tête en souvenir du passé ; puis, après avoir regardé attentivement le soleil qui se couchait dans un lit de nuages rouges, il prit son bâton à lanières de cuir et vint me conduire, accompagné de sa fille, jusqu'à la rue Noire. Là, il me quitta, et je trouvai le moyen, en embrassant Flore, de l'assurer que je n'avais parlé ni de mariage ni de Fidéri.

CHAPITRE V.

Le jeudi suivant, M. Hamus descendit de voiture escorté d'un panier qu'il me remit en m'embrassant sur les deux joues. Il me souhaita, dans un langage éloquent, une bonne santé, accompagnée d'un enthousiasme irrésistible pour les classiques. Mais les dieux, comme il le dit plus tard, n'eurent aucun égard pour la sincérité de ses vœux. Je retirai mes livres du filet de pêche où ils dormaient depuis le jeudi précédent ; j'ajoutai quelques lignes à la dernière édition du nez de M. Hamus, pour lui enlever toute ressemblance, ce qui était, je l'avoue une précaution oiseuse, et nous nous dirigeâmes vers notre salle d'étude, à l'ombre des buissons de la vieille rue Creuse. Mon professeur me fit une série de questions géographiques et historiques, auxquelles, selon l'usage, je lui laissai le soin de répondre ; puis, après une dissertation détaillée sur la savante organisation du gouvernement de l'ancienne Rome, le bonhomme baissa les yeux et passa du grave au doux. « Il était trop pauvre, me dit-il, pour m'avoir apporté quelque cadeau ; il avait désiré néanmoins me témoigner combien il était heureux de me voir bien portant, à côté de lui, en ce jour solennel ; il m'avait préparé son bouquet. » Ce n'était rien moins qu'une traduction du récit d'Énée à la reine de Carthage, lequel il avait mis en vers pour moi et qu'il commença à me lire.

J'écoutai d'abord avec une affectueuse attention ; mais deux mésanges, qui vinrent augmenter le nombre des auditeurs, ne tardèrent pas à m'arracher aux rives du Scamandre. A partir de la prise de Troie, elles se livrèrent à tant d'évolutions, elles me parurent si singulièrement applaudir de la tête et de la queue aux alexandrins de M. Hamus, et si courtoisement se faire part de leurs observations à chaque pause du lecteur, que je ne pus m'empêcher de rire comme un fou au moment où mon précepteur narrait d'une voix émue le sort déplorable de l'infortuné Palinure. M. Hamus leva la tête avec émoi ; il rougit comme il convient à un poëte incompris, et relut le passage à voix basse pour bien se persuader qu'il n'avait commis aucun contre-sens. Il m'interrogea ensuite du coin de l'œil. Comme je ne savais quelle explication donner, je lui annonçai que je l'avais invité à dîner chez le père Francelin. Là-dessus, il perdit complètement le sens, fixa sur moi des yeux effarés, et après avoir humé plusieurs prises coup sur coup, se remit à lire d'une voix précipitée. Quand la douce influence de ses alexandrins lui eut redonné un peu de calme, il posa le cahier sur son mouchoir et m'annonça d'un ton timide qu'il n'irait pas chez le père Francelin pour mille et une raisons. Je l'interrompis à la cinquième et lui racontai l'histoire des amours de Flore et de Fidéri. Cette narration parut changer le cours de ses idées. Il me demanda six secondes de réflexion, tira de sa poche un petit cahier, le parcourut attentivement, nota avec son ongle quelques passages, et m'annonça qu'il m'accompagnerait. Pour ne pas rester en dette de gracieuseté, je le priai de continuer sa lecture. Notre conversation avait fait fuir les mésanges, et j'attendis sans trop de distraction que le son de l'*Angelus* nous invitât à nous rendre à la cabane.

Nous dînâmes fort agréablement, malgré les airs de bienveillance protectrice que prenait naïvement M. Hamus. Le repas fini, je priai Flore de m'accompagner au bourg. Mon précepteur était sorti quelques instants auparavant pour chasser, disait-il, les fumées du vin ; mais je l'aperçus, en tournant la haie du jardinet, qui relisait soigneusement divers morceaux du cahier mystérieux. Je menai Flore dans une boutique du bourg, où, après maint débat, je la forçai de choisir un bonnet de tulle à rubans rouges, et nous reprîmes la route des Champs-Greslins. Arrivés à moitié route, nous vîmes de loin M. Hamus arpentant la route d'un pas vif et saccadé que je ne lui connaissais point. L'agitation de sa tête et de ses bras me plongea dans une véritable stupéfaction. Quand il fut près de nous, je remarquai que les pommettes de ses joues étaient d'un rouge ardent, et que son nez brillait comme s'il venait d'être violemment tourmenté. Il s'arrêta devant moi en soufflant, se jeta sur ma main droite en disant : « Laissez ces méchantes gens ; » et, reprenant sa marche précipitée, il m'eût bientôt entraîné, par un sentier latéral, loin de la vue de Flore.

Il s'assit sur le bord de ce sentier en murmurant des conjurations grecques et latines ; je le regardai d'un air qui le détermina sans doute à faire quelque effort sur lui-même ; car il m'engagea à m'asseoir, et entreprit une apologie de sa conduite. Il s'était décidé, paraît-il, à m'accompagner chez le père Francelin, parce qu'il y avait vu une bonne œuvre à faire, laquelle bonne œuvre n'était autre que le mariage de Flore et de Fidéri. Il se persuadait que le bonhomme ne saurait résister à la puissance de ses arguments. D'ailleurs, pour les rendre invincibles, il avait compulsé le recueil de citations sur le mariage qu'il avait composé au temps de ses amours, et qu'il portait constamment sur lui en souvenir du trouble gracieux qui, etc.

La conversation avait commencé sur un ton froid, mais convenable ; le vieux paysan opposait ses classiques aux classiques de M. Hamus, c'est-à-dire les proverbes picards aux vers de Virgile. Puis, comme il était vif et que M. Hamus l'avait irrité de toute façon, il en était bientôt venu aux personnalités. Il insinua d'abord qu'il était sage à chacun de se mêler de ses propres affaires, vu que « chacun son métier, et les vaches seront bien gardées. » Sur une réplique de M. Hamus, contenant une énumération brève des sciences que lui, Pierre Hamus, licencié ès-lettres, connaissait, et qui lui donnait des droits incontestables au respect de tous, le vieillard avait perdu toute réserve, et avait riposté par un argument brutal. « M. Pierre Hamus, dit-il, pouvait être un grand savant, mais il n'était pas un beau marié ; il ne passait pas non plus pour un grand clerc en fait de ménage ; il ferait bien d'aller retirer à sa femme les culottes qu'elle portait, au lieu de venir se mêler des jupons de Flore. » M. Hamus, ainsi percé de part en part, avait lancé force malédictions, dont il lui était maintenant

impossible de dire le sens, et il était venu au-
devant de moi, persuadé que je ne voudrais pas
donner raison au bonhomme Francelin.

Il ne me sembla pas juste, en effet, que le digne
professeur eût été ainsi remercié de ses bonnes
intentions.

Le soir venu, mon professeur me quitta d'un air
attristé. Un quart-d'heure après, je le vis revenir
au grand trot. Il me raconta qu'en passant devant
le cimetière il avait eu un remords, et me pria de
dire à Francelin qu'il lui pardonnait. Il me fit remarquer que le soleil n'était pas encore couché,
me rappela les paroles de Notre-Seigneur, et reprit
sa route en courant : la vieille Grise attendait.

Je gardai plus longtemps rancune au vieux
paysan. Je retournai chaque jour au moulin, mais
j'eus toujours soin de ne pas m'y rendre vers l'heure
du rendez-vous des amoureux, et je ne passai jamais
par la cabane. Je la regardai cependant du coin de
l'œil de temps à autre; le grand coq était toujours
vaillant et méditant sur son prunier, mais je n'entendais plus la voix claire de la bonne Flore.

CHAPITRE VI

La récolte des foins commença bientôt; elle prit
toutes mes heures. Le soin de monter sur les charriots quand ils allaient chercher leur charge dans
les prairies, le bonheur de grimper sur les premiers
chevaux d'attelage quand la voiture revenait pleine,
les immenses bouquets que j'avais à faire avec les
margueritelles et les boutons d'or simples, les
nids de l'oiseau trouvés sous la faux du maître
faucheur, tout cela me fit oublier le val du Moulin,
Enfin, un soir, j'entendis annoncer que le jour du
lendemain serait une dure journée et qu'il faudrait
donner une rude *escoudée* pour en finir : le père
Francelin avait rencontré le vieux meunier ; il lui
avait dit de conseiller à ses gens de se *délurer* les
bras, vu que, pour sûr, le ciel tournait à l'orage,
et que ce serait tenter le bon Dieu que de compter
sur deux jours de clair temps. -

Le lendemain, sur les dix heures, je me dirigeai avec le ban et l'arrière-ban de la ferme vers le pré de la Liane. Le meunier et ses deux garçons avaient, pour ce jour solennel, quitté leurs occupations ; la fille de basse-cour, la fermière, le fermier lui-même se rendaient dans la prairie. Le premier berger restait seul à garder la maison en tricotant son bas. Je commençai de grand courage à râteler les poignées de foin laissées par la première bande des glaneurs. Mais comme le soleil montait haut dans le ciel et commençait à devenir brûlant, je détournai pour mon usage le fruit de mon travail. Je portai le foin jusqu'à l'ombre des saules à têtes coupées qui défendaient les rives contre les envahissements de la rivière, et je me couchai en regardant le spectacle qui se déroulait devant mes yeux.

Dans le plan le plus rapproché de moi se trouvaient les *blancs bonnets* (1), les plus jeunes et les plus vieilles, les plus faibles et les plus paresseuses. Avec leurs longues fourches en bois, elles retournaient une dernière fois le foin, pour lui faire perdre l'humidité de la nuit. A quelque distance, les jeunes garçons et les filles fortes râtelaient les longues bandes d'herbes que les faux avaient jetées sur la terre; ils s'arrêtaient de distance en distance

____

(1) Les femmes.

pour former de petites meules hautes de deux pieds, larges de quatre. Quelques-uns d'entre ceux-là tordaient l'herbe séchée pour en faire des liens qu'ils portaient à des couples plus éloignés. Là la femme en chemise et jupon court posait ses liens sur la terre, enlevait aux meules de larges brassées de foin que venait lier son compagnon, en appuyant sur la botte ses genouillères en cuir de mouton. Puis, tout au bout de la prairie, près du ruisseau du moulin qui venait là se jeter dans la Liane, deux grands charriots se remplissaient. Dans l'un, le charretier entassait les bottes destinées à prendre place sur le haut des étables ; dans l'autre, le plus habile des garçons de ferme jetait de larges portions de foin destinées à former une meule immense dans le verger, près de la maison. Tout ce peuple s'agitait avec un ordre et une liberté d'allures qui me réjouissaient.

Les jeunes et les malins se faisaient de ces niches terribles qui posent bien un paysan dans l'opinion publique, et mainte fillette ensevelie sous des monceaux de foin se relevait les cheveux ornés de plus d'herbe qu'il n'y en eut jamais sur les bords du Lignon. C'étaient les grands cris, les grands coups, les histoires, les commérages criés d'un couple à l'autre, les sobriquets, les plaisanteries, les défis. Les chansons se répondaient aux deux bouts du pré. Celui-ci courait porter les liens, celle-là démontait son râteau : tous riaient en haute gamme, tandis que quelque pauvre alouette, en quête de son nid détruit, remontait vers le ciel en lançant de sa voie aiguë son tire-lire–en-lire.

Le foin séché m'envoyait ses douces et enivrantes émanations ; la rivière murmurait contre les dentelures de la rive ; au loin, bien au-dessus du charretier monté sur sa voiture déjà pleine, je voyais s'élever les deux collines vertes du val du Moulin ; plus loin encore brillait le ciel bleu, si joyeusement bleu ; tout cela me rappelait énergiquement les belles choses que le digne M. Hamus me disait sur la bonté du Seigneur. Pourtant je n'étais pas complétement heureux ; Flore faisait ombre dans cette scène si claire. Elle travaillait machinalement, la tête basse, sans prendre part aux chants, aux cris, aux railleries qui s'élevaient autour d'elle. Elle avait cependant réputation de posséder la plus belle voix et la langue la mieux affilée.

Mon lit d'herbes était doux, mon ombrage frais, et les figures rouges de mes voisins m'annonçaient que le soleil était bien brûlant loin des saules ; ma rancune contre les Martecheu l'emporta pendant quelque temps. Mais j'ai dit que j'étais encore bien enfant, et je quittai bientôt mon abri. Je m'approchai du vieux meunier, qui travaillait comme s'il voulait gagner son mariage.

— Dites-moi donc, meunier blanc, ce que peut avoir Flore pour être si triste.

— M'est avis, monsieur Louis, c'est que les amours ne vont pas si droitement que le fil de l'eau sur les petits cailloux ; et alors, continua-t-il en relevant la tête pour passer sa manche sur son front, quand *ces jeunesses* ont le cœur mort, les bras s'en sentent, et on ne vaut plus la moitié de Paris. Rappelez-vous ce que je vous dis quand viendra le temps d'amourette, ture-lure-lurette.

— Oui, reprit le fermier, en regardant attentivement des nuages gris qui se formaient vers le midi, et il vaudrait mieux avoir le cœur à l'ouvrage que de traîner comme ça son râteau, que je dis, et de marcher comme une mouche qui sort du lait. Si le soleil de midi ne chasse pas ces nuages qui montent dans le pied du vent, avec des fainéantes pareilles nous n'en finirons pas.

— Bah ! not'bourgeois, répliqua le vieillard, qui avait une grande affection pour les Martecheu, elle vaut encore mieux que ces trois filles qui la suivent et qui gaudriolent, tout en faisant signe de remuer leurs râteaux comme des enragées. Avec ça, conclut-il, après avoir, la main sur les yeux, considéré les nuages menaçants, ces brouillards ne nous mouilleront pas les oreilles aujourd'hui ; c'est moi qui vous le dis.

—Je le veux bien, mais ne chantons pas alleluia avant Pâques.

Et le fermier se retourna sans plus ample contestation.

— Ne dites rien à Flore, Joseph Vanterre, lui dis-je, je vais aller l'aider. Après-dîner, si vous êtes pressé, prenez une femme de plus, c'est moi qui la paierai.

— Nous n'en sommes pas à ça, et ce que j'en disais, c'était plutôt pour dire que pour autre chose...

J'avais déjà quitté la place, encouragé par un sourire du meunier, et je m'approchai de la jeune fille:

—Veux-tu me dire pourquoi tu es triste, bonne Flore?

— Triste, moi ! fit-elle en se redressant et en me regardant avec ses yeux doux et voilés.

— Oui, toi, car si tu n'étais pas triste, tu crierais, et tu es la seule que je n'aie pas entendue.

— Vous êtes malicieux, monsieur Louis ; mais pourquoi voulez-vous que je sois triste ? Je n'ai pas le temps de penser à me tourner le sang comme vous autres, gens des villes, qui n'avez pas de besogne et qui vous rendez malheureux pour avoir quelque chose à faire.

— Je ne comprends pas bien ce que tu dis, bonne Flore, mais cela me montre que tu veux me cacher quelque chose.

—Allons, vous voulez me faire parler, et le bourgeois ira dire à grand-père que je suis une fainéante, et ce n'est pas çà qui me mettra le cœur à l'aise.

— Tu as tort, bonne Flore, puisque j'ai pris un râteau et que je viens t'aider.

— Vrai ! vous êtes un gentil monsieur. Allons, prenez cette route-là, et tirez à vous, en dedans ; comme ça, vous ne laisserez pas une paillette de foin derrière. Nous verrons qui est-ce qui sera le premier de nous deux arrivé à la meule.

— Oui, oui, tu cherches à me distraire. Mais vois-tu l'ombre qui vient du grand chêne jusqu'au vieux meunier ? Tu sais bien par là qu'il est onze heures. Veux-tu que je te dise ce que tu chanterais si tu n'étais pas triste : *En m'nant noz vacqu's al pâture.*

— Allons, monsieur Louis, n'en dites pas plus ; je ne pourrais pas me retenir de pleurer, voyez-vous, et tous ces garçons se moqueraient de moi. Vous êtes bien malicieux, vous devinez les choses. Après ça, vous êtes bon aussi : vous vouliez me donner vos économies pour mon mariage ; je ne dois pas vous parler comme à tout le monde. Eh bien, oui, c'est vrai que je suis triste, mais je ne

veux pas le laisser voir, parce que chacun dirait :
Fidéri par ci, Fidéri par là : « Fidéri ne veut plus
se marier ; Flore est trop pauvre ; ce sont des
amours grêlés, » et d'autres choses encore que
vous ne sauriez comprendre. Toutes les filles tous-
seraient en passant près de moi pour aller à la
grand'messe, et les garçons riraient quand je tra-
verserais la commune au retour des vêpres. Vous,
puisque vous aimez Fidéri, je vous dirai tout. Voilà
bientôt la *none* qui va sonner ; nous suivrons la
dernière voiture en retournant à la ferme pour
dîner, et vous saurez pourquoi je n'ai pas le cœur
comme d'usage.

— C'est cela, bonne Flore. Mais regarde-moi,
que je te voie sourire un peu, un tout petit peu ;
sans cela je m'imaginerais que ce sont de grandes
affaires, et je serais tourmenté jusqu'à midi.

Elle me regarda avec une sorte d'étonnement.

— C'est vrai qu'ils valent mieux que les paysans,
ces gens-là, comme le dit grand-père, murmura-
t-elle.

Et, m'envoyant un sourire déjà moins langou-
reux, elle se mit à chanter la chanson de *Petit
Jehan*. Après le premier couplet elle s'arrêta, me
fit un signe pour m'indiquer que c'était pour moi
seul qu'elle avait chanté, et elle continua silen—
cieusement sa besogne.

L'*Angelus* sonna bientôt et donna le signal du repos. Tous s'en allèrent après avoir caché fourches, chevilles et râteaux sous les meules. Nous les suivîmes en ralentissant le pas, et quand le bruit des voix se fut éloigné, Flore me raconta sa peine.

Le père Francelin, après sa discussion avec M. Hamus, avait donné ordre à sa fille de ne plus approcher du ruisseau. Flore avait obéi, comme toujours, mais elle souffrait comme si elle était enchaînée dans une niche à chiens, disait-elle.

Quand nous entrâmes dans la ferme, la soupe était déjà à moitié mangée, mais Flore était un peu consolée je lui avais fait remarquer que le bonhomme lui défendait d'aller causer avec Fidéri près du ruisseau, mais qu'il ne lui avait pas ordonné de l'éviter lorsqu'elle le rencontrerait partout ailleurs. Cet argument séduisit la jeune fille et lui fit oublier la promesse qu'elle avait faite de ne point parler à son ami hors du val du Moulin. Elle entra en jetant un regard bienveillant sur la jatte à moitié vide, et quoique je ne fusse pas aussi grand clerc que Védasse Sautriau, je compris à ce regard que Flore renaissait à la vie.

CHAPITRE VII

La récolte des foins finie, je me pris d'un grand
enthousiasme pour les *Révolutions romaines* de
Vertot. Je dois dire, pour mon excuse, que j'avais
trouvé un cabinet d'étude assurément fort rare, et
je me mis à la lecture, je crois pour avoir un prétexte de me rendre gravement dans ce sanctuaire.
J'ai déjà parlé d'un sentier qui longeait la haie du
petit bois et qui formait un coude avant de se
perdre dans la rue Noire. A ce coude se trouvait
un épais taillis de noisetiers, de chèvre-feuilles et
de clématites, qui ombrageait un banc naturel de
gazon, et qui, de l'autre côté, en rejoignant les
premiers arbres du bois, formait un dôme naturel
de verdure. Sous ce dôme, c'est-à-dire du côté de
la haie opposé au sentier, j'allais m'installer chaque
après-midi. Il me semblait que, bravant les rayons
du soleil, caché à tous les regards, séparé du reste

du monde, j'étais abandonné à moi-même comme Robinson dans son île. Le sentier conduisant uniquement de la ferme au moulin et à la cabane, était peu fréquenté.

Un soir que je m'étais attardé dans la recherche des hauts faits de mon ami Dolabella, je voyais avec quelque émoi que les derniers rayons de lumière pénétraient péniblement jusqu'à mon livre; je me préparais en grande hâte à fuir les ombres menaçantes, quand je me sentis rassuré par l'approche de deux personnes parlant à voix contenue et marchant d'un pas tranquille le long du sentier. Le groupe s'arrêtant devant le banc de gazon, s'y assit, et je reconnus la voix de Fidéri.

— Pour lors, Flore, disait-il, je ne vois la fin à rien. Voilà que je tourne à la trentaine, et le père Vuidelame grommelle plus souvent que jamais qu'il est sage de penser à s'établir. Un beau soir de dimanche, quand il reviendra du bourg, il me dira : « Fidéri, j'ai causé de choses et d'autres avec Jean Giniau, de l'auberge de la Femme-sans-Tête ; il a une fillette qui est avenante et économe, il a aussi quelques sous par-ci, par-là ; faudra voir à aller plus souvent à la Femme-sans-Tête. Tu es d'âge, tu entends? vas ton train. Alors, que répondre? si je pouvais lui dire : « Il y a Flore, mon père, qui est une bonne fille et une bonne ménagère, et qui me convient bien, » je crois qu'il ne refuserait pas, parce qu'il t'estime au fond ; mais non, rien de rien, de rien.

— Que veux-tu que je te dise, Fidéri ? répliqua Flore ; je veux bien me marier avec toi, et tu sais bien que je donnerais mon pouce et le meilleur de mes dix doigts pour que ça soit, mais...

— Oui, mais... Voilà six ans qu'il dure ce mais-là. Le père Francelin est fier comme un pigeonnier de château, et si le père Vuidelame voulait aller te demander à lui, je crois bien qu'il te donnerait : il n'y faut pas penser, non, de la vie. Et puis ce n'est pas bien sûr que le père Francelin voudrait. Qu'est-ce qu'il a contre nous ? jamais je n'ai pu le deviner ; mais c'est quelque chose de plus fort que lui. Quand il nous rencontre et qu'il nous regarde, il est comme une vipère noire. Et alors, comme toujours, comment veux-tu que ça finisse ?

— J'y ai bien pensé souventes fois, moi aussi ; et, depuis des années, je n'ai pas pensé un jour sans demander, en priant Dieu, qu'il tourne le cœur de grand-père pour nous et pour notre mariage. Qu'est-ce que je peux faire de plus, outre penser à toi dès le matin jusqu'aux vêpres, et ne jamais dire un mot d'amitié à un garçon, et ne jamais regarder personne entre deux yeux, de façon que je ne sais plus qui est blond ou noir, ou droit ou tortu, ou borgne ou brèche-dent.

— Oui, je sais bien que tu fais ça, Flore, et moi de même. Quand on me dit que celle-là est camuse, celle-là fleurie comme un œillet et vive comme une souris, je reste comme bête, et je ne sais de qui on veut parler. Mais à quoi tout ça mènera-t-il, si ce n'est à nous rendre quasi-imbéciles et le nez en bas comme des planteurs de choux? Non, il faut que ça finisse et que tu me promettes de nous marier quand le père Francelin mourra, et que tu m'embrasses en signe que je serai ton mari.

— Ça ne se peut pas, mon pauvre Fidéri. J'ai fait une promesse; c'est ce qui m'a tenu jusqu'ici le cœur tranquille et la conscience en repos de t'aimer. Et si je ne tenais pas ma promesse, quelle fiance aurais-tu en moi? Écoute, laisse-moi te dire toute l'histoire. Il y a eu de ça quatre ans aux Pâques fleuries; on parlait de moi pour être reine de la sainte Vierge. Mais tu sais bien que le monde est jaloux de ceux-là qui ne font pas comme un chacun, et on avertit M. le curé que nous étions ensemble plus souvent qu'il ne convient à une fille et à un garçon sages. Il m'appela, j'allai le trouver et il m'interrogea comme à confesse. Je lui contai nos amours depuis le commencement, en sorte qu'il a pu voir dans mon esprit comme dans un verre d'eau claire. Il me dit que j'étais une fille sage et que le bon Dieu nous bénirait. Puis il pensa pendant un bout de temps; après quoi il m'annonça qu'il voulait bien que je continue à penser de me marier avec toi, mais qu'il fallait que je lui promette, sur l'espérance de mon salut, de ne chercher à te parler que là où nous nous parlons tous les jours, et de ne jamais te laisser prendre aucune familiarité. Moyennant ça, il me promit qu'il me défendrait quand on dirait du mal de moi, et que je resterais une fille sage. Je lui promis comme il voulait, et jamais, non, jamais...

— C'est du beau, dit une voix dure qui sortait de la rue Noire; c'est du beau, mille z'yeux ! de voir un garçon et une fille, dans la nuit, se conter des amourettes. Faut que ça finisse ces bêtises-là; entendez-vous, les autres?

Les deux jeunes gens restèrent un instant stupéfaits en reconnaissant le père Vuidelame. Fidéri se remit bientôt :

— Eh bien ! quoi, mon père? après? Quel mal y a-t-il à ça? Quand on pense à mal, on ne vient pas sur les routes causer de ses affaires.

— Quand on en cause sur les routes, dans les haies, on est quasiment près d'en causer derrière les haies. Et puis ça n'importe, faut que ça finisse ces bêtises-là, une fois ou l'autre.

Fidéri se leva, murmura quelques paroles que je ne pus comprendre ; mais à son ton je compris qu'il était temps pour moi d'intervenir. Je grimpai doucement en écartant les branches, et posant la tête entre deux noisetiers :

— C'est moi qui étais derrière la haie, Pierre Vuidelame, dis-je en riant.

Les deux amoureux firent un mouvement brusque et se retournèrent vers moi avec un nouvel étonnement :

— Ça n'importe, comme j'ai dit. Enfant de seigneur ou mendiant, raccommodeur de paniers, rien ne m'empêchera d'être maître chez moi, et je ne veux plus de tous ces mystères avec une fille qui court la nuit avec les garçons.

— Mon père ! cria Fidéri avec un accent de colère presque menaçant, ne dites pas du mal de Flore.

— Tais-toi, Fidéri, lui dis-je, laisse-moi parler à Pierre Vuidelame, j'ai quelque chose à lui dire. Mais avant, donne-moi la main, Flore, que je sorte de ces noisetiers qui m'ont pris par le cou.

La jeune fille, qui était restée confuse et effrayée, se leva rapidement et me tira de mon carcan.

— Allons, asseyez-vous tout le monde, dis-je.

Je regardai un instant Pierre Vuidelame, dont les derniers rayons de lumière éclairaient la forte carrure, la figure insolente, haute en couleur, et les sourcils froncés.

— Asseyez-vous sur le banc. Pierre Vuidelame, à côté de Fidéri. Si vous ne le faites pas, je vous avertis qu'il y va de votre intérêt.

Ce mot intérêt exerçait sur lui une influence à laquelle il n'avait jamais pu résister ; aussi s'assit-il malgré sa colère et en grommelant.

— D'abord ne dites pas d'injures à Flore ; au moment où vous arriviez, elle venait de refuser à Fidéri de l'embrasser. Maintenant, voilà ce que j'ai à vous dire : j'ai écrit à mon père sur les amours de Flore et de Fidéri, et je lui demandais de parler au père Francelin pour qu'il consente au mariage…

— Et moi donc, est-ce qu'on ne me consultera pas ? fit Pierre Vuidelame en ricanant.

— Mon père me répondit qu'il respectait les idées de chacun, que jamais il ne voulait user de son influence dans des questions aussi… oui, aussi délicates que sont des arrangements de famille, mais qu'il pensait que si vous, Pierre Vuidelame, vous alliez demander Flore pour votre fils au père Martecheu…

— Est-ce que vous vous moquez de moi, vous autres, hé ? Croyez-vous, parce que je suis un paysan…

— Vous ne voulez pas me laisser achever, Pierre

12.

Vuidelame ; tant pis pour vous. Demain, quand vous saurez ce que j'ai à proposer, vous vous direz que vous êtes un bavard, et vous en serez plus riche, n'est-ce pas ? Arrangez-vous donc.

— Monsieur Louis, dit Flore de sa voix douce, continuez, je vous en prie bien.

— Oui, mais il ne faut plus m'interrompre. Il sera temps de refuser quand on aura tout entendu. Notre ferme de la Verte-Voie est louée trois mille francs à Pierre-Louis-Marie Cathoire ; voilà trente ans qu'il la tient, et on la lui a laissée à ce prix-là parce que son père et son grand-père l'ont occupée. Il veut la quitter parce qu'il n'a pas d'enfants, et mon père a déjà reçu dix demandes. Il y a neuf individus qui offrent quatre mille francs, et un dixième qu'on appelle Pierre Vuidelame, qui propose trois mille francs. Mon père n'aime pas Pierre Vuidelame parce qu'il n'est point poli : ainsi il ne me salue plus depuis qu'il sait que neuf fermiers ont offert plus que lui et qu'il n'a aucune chance d'avoir la Verte-Voie. Mais mon père aime le père Martecheu et Flore, et je vous annonce qu'il laissera la ferme pour trois mille francs à celui qui épousera Flore.

— Cela est-il écrit sur un bout de papier, monsieur Louis ? demanda Vuidelame en ôtant son chapeau de cuir verni à larges bords.

— Lisez : d'ailleurs, vous savez que mon père
et moi nous ne mentons jamais.

— Oui, ça se dit, et je n'ai point d'intérêt à dire
que ce n'est pas vrai. Voudrez-vous que je garde
ce mot d'écrit jusqu'à demain pour l'épeler à mon
aise, hé ! hé ! monsieur Louis ?

— Gardez-le toute votre vie si vous voulez ; ce
que mon père écrit, tout le monde peut le voir.
Maintenant, Pierre Vuidelame, gardez votre chapeau sur votre tête tant que vous voudrez ; je me
moque des méchants yeux que vous me faites
quand je passe à côté de vous. Mais notre parole
est donnée, bonne Flore ; celui que tu choisiras
sera notre fermier ; et c'est moi qui ferai les
cadeaux de noces, Fidéri. Bonsoir, Flore ; tu me
diras une autre fois ce que c'est que des familia-
rités. Bonsoir, Fidéri ; la Verte-Voie vaut mieux
que la Femme-sans-Tête. Je t'aime bien Flore, et
toi aussi, Fidéri, et je vous dis adieu parce que je
vais passer huit jours chez Pierre-Louis-Marie
Cathoire.

Puis je m'en allai, fier comme Artaban, en faisant sauter l'abbé Vertot jusqu'aux basses branches
des arbres du chemin.

Le lendemain matin, Pierre Vuidelame, après
avoir été visiter ses avoines qui étaient en retard,
rentra chez lui vers neuf heures d'un pas allègre.

Il passa une chemise blanche, quoiqu'on ne fût encore qu'au milieu de la semaine, se mit au cou une cravate neuve en coton jaune, et remplaça ses brodequins par des bottes. Il endossa une belle veste en gros drap bleu, par-dessus un gilet de soie rouges à grands ramages. Puis, après avoir frotté un torchon mouillé sur son chapeau, il sortit, monta vivemént le sentier qui conduisait à la cabane et entra dans le jardinet avec le sourire sur les lèvres. En le voyant, le père Françelin sauta brusquement par-dessus son seuil.

— Qu'est-ce que tu viens faire ici, Pierre Vuidelame ? qui est-ce qui t'a appelé ? qui est-ce qui te désire ?

— Ne vous mettez pas comme ça dans *un outrage,* père Francelin ; je m'en vas vous dire : n'est-il pas d'usage, entre voisins, quand on passe en passant, de venir voir comme ça va l'un l'autre ?

— Oui, je n'ignore pas que tu es habile de ta langue comme un montreux de singeries. Mais dis, droitement, si tu peux, ce que tu veux, et puis va-t'en.

— Voyons, père Francelin, ce n'était pas comme ça que vous aviez usage de recevoir les voisins, au temps passé, au temps de vos vertes chausses, hé ! hé ! quand nous étions porte à porte.

— Et puis après ? Tu venais, tu me demandais

une pelle, un van, une fourche, une charrette ou
un cheval; je te les prêtais parce que ça se doit, d'ancienneté, entre proches tenures ; mais moi, m'as-
tu jamais vu mettre le pied sur ton seuil et te quémander un service? Or, je suis pauvre, je n'ai rien
à prêter, nous ne sommes plus voisins, je ne te
dois plus rien; qu'est-ce que tu viens faire ici ?

— D'abord, père Francelin, je ne sais pas ce que
j'ai jamais fait pour faire du mal; mais, après tout,
on n'est pas fâché pour toujours.

— Je ne te hais pas, Pierre Vuidelame, quoique
je regrette que ça ne me soit pas permis de te haïr;
mais je n'ai rien de commun avec toi, et je ne veux
rien avoir.

— Au moins pour un homme de sens comme
vous êtes, sage et ancien, et allant dans les églises,
ça n'est pas bien de dire à un homme: « Va-t'en!»
sans vouloir écouter ce qu'il a à vous dire, quand
c'est peut-être une chose utile.

— Je n'ai rien de bon à attendre de toi, que je
dis. Mais puisque tu parles des églises (quoique ça
t'aille à toi de parler du bon Dieu comme à un
chien qui aboie à l'élévation de Notre-Seigneur),
parle, si tu veux, je t'écouterai.

— Dites donc, père Francelin, si vous ne voulez
pas que nous entrions chez vous, au moins apportez ici deux escabeaux, que nous causions comme

deux voisins, parce que je sais ce qui est dû à votre âge, et quoique vous soyez *ragement* vif, je vous estime rudement.

Le vieillard haussa les épaules en lui jetant un regard de mépris :

— J'ai soixante et dix ans, je me tiens sur mes pieds, reprit-il d'un ton calme, tu peux en faire autant avec tes soixante ans.

— Je le veux bien. Mais, continua le fermier, encouragé par le calme inattendu de son interlo-cuteur, faut au moins que vous me promettiez de m'écouter jusqu'au bout sans vous mettre encore dans les *outrages*.

— Parle, j'ai dit. Je tiendrai patience jusqu'au bout, à la seule fin de te montrer ce que c'est qu'un homme qui va dans les églises.

— C'est bon. Vous n'êtes pas sans connaître la ferme qui est là vis-à-vis, voisin. J'ai là un mobi-lier qui vaut roide dix mille écus; puis j'ai quelques mesures de terre, là-bas sur les monts. Je les ai achetées douze pistoles la mesure, mais il y a du temps de cela, et je les ai bien soignées; ajoutez un zéro au bout de chacune de mes pistoles, et suppo-sez que j'ai vingt mesures ; ça ne fait pas bien loin de vingt mille francs, hé ? Encore, je vous dirai, continua-t-il d'une voix plus basse après avoir re-gardé attentivement autour de lui, j'ai bien aussi

quelques doubles louis placés sur bonne hypothèque. Pour tout ça sans compter ce qui pourra bien
encore se retrouver par la suite, je n'ai qu'un enfant, vous le connaissez, bien ?

Le vieillard ne répondit pas. Pendant toute cette
énumération, il paraissait lutter contre quelque
terrible émotion qui faisait monter son vieux sang
jusqu'aux pommettes de ses joues.

— Eh bien, Fidéri est un brave garçon, continua
le fermier, et bon, et sage, et un honnête cœur. Il
aime, lui aussi, à aller dans les églises ; il tient ça
de sa mère, hi ! hi ! père Francelin ! Il aura un jour
tout ce que je viens de vous dire! Vous, vous avez
une fille,— vous m'avez promis de ne pas m'interrompre! — Pour lors je me suis dit que ces enfants
s'aimaient depuis longtemps et qu'ils se convenaient;
Flore est une belle fille, et sage, et forte, capable
de conduire une ferme comme vous-même, père
Francelin. Elle n'a rien, c'est vrai; mais vous trouverez peut-être bien encore quelques écus dans les
fonds de bas, hé? D'ailleurs j'ai pensé que Fidéri
a besoin d'une fille comme elle pour conserver ce
que je lui laisserai. Bon! voulez-vous que Flore se
marie avec Fidéri ?

Le vieillard resta un instant les sourcils froncés
et les lèvres tremblantes, puis il souffla bruyam-
ment et se détourna. Quand il revint en face de

son interlocuteur, il avait repris un visage froid.

— Tu as tout dit, Vuidelame?

— Oui, grand-père, hï !

— Tu peux t'en retourner : Flore ne se mariera pas avec ton fils.

Le fermier fit un bond. Il avait toujours supposé que la mauvaise volonté du vieillard venait d'un sentiment d'envie. Il supposait aussi que sa conduite vis-à-vis des deux amoureux était le résultat d'une grossière politique, destinée à rendre Fidéri amoureux fou de Flore, et à l'engager par là à briser tous les obstacles qui s'opposaient au mariage. Il s'attendait donc à voir sa demande accueillie avec empressement, et il resta un instant comme étourdi en entendant la réponse qu'on lui faisait.

— Mais vous êtes fou, bien sûr, dites donc, père Martecheu? Vous n'avez pas bien compris.

— Je te dis, Pierre Vuidelame, que ton enfant aurait la moitié de Paris, que Flore serait laide comme les sept péchés, qu'il me la demanderait en se couchant dans les épines noires, qu'elle serait là pour en mourir, je dirais : « Non. » Non, non, continua-t-il tandis que l'autre le regardait d'un air presque hébété, entre ton sang et le mien, il y a une fondrière plus profonde que cette vallée, et à moins que le bon Dieu ne m'envoie dire: «Marie-les, » quand on m'aura crevé les yeux et coupé la

langue, tant qu'il me resterait un doigt, je le lève-
rais pour dire à Flore : « Je ne veux pas. »

— Va-t'en au diable, vieille bête ! reprit Vuidelame, qui commençait à se sentir en colère, vieux
mendiant tombé comme un assignat ! Je me fiche
bien de ta fille, tellement déloquetée qu'on accro-
cherait à ses habits toutes les cuillers du village.
Mais pourquoi donc la laisses-tu courir avec un
garçon jour et nuit si tu ne veux pas la marier ? Et
quand je viens te faire honneur à toi et à ta carogne
de fille, quand je veux empêcher qu'elle ne soit
perdue et montrée au doigt, tu me dis non, comme
si tu n'étais pas à tendre la main à un chacun pour
vivre !

— Flore n'a crainte, et moi je ne t'ai jamais rien
demandé ; ainsi, comme j'ai dit, va-t'en.

Le bonhomme fit quelques pas pour rentrer dans
sa cabane.

— Je ne m'en irai pas sans t'avoir cassé quelque
chose, vieux chouan, afin qu'il ne soit pas dit que
tu te seras moqué de Pierre Vuidelame.

Le fermier, ivre de fureur, s'avança vers lui
le bâton levé.

— Ah ! murmura Francelin.

Puis d'un pas agile il entra dans la maison. En
moins d'un instant il reparut sur le seuil le fusil à
la main.

— Jour de la vie, voilà le moment ! cria-t-il en se redressant pendant que ses yeux dilatés regardaient son ennemi avec une ardeur de haine inexprimable.

Il leva l'arme à la hauteur de l'épaule.

— Jésus, mon Dieu ! cria le fermier en mettant ses mains devant sa figure.

— Ça te sauve encore, cria le vieillard en abaissant le fusil ; mais vois-tu bien, sauve-toi. Il y a eu dans le temps deux coups chargés de ce fusil-là, l'un pour toi, l'autre pour ton père. Je tuais les hirondelles au vol pour lors ; et quand tu verras un curé, remercie-le, car c'est à eux que ton père doit d'être mort dans son lit, et toi d'être venu jusqu'ici. Mais aujourd'hui ne me pousse pas. La loi est pour moi, tu le sais. Va-t'en, je te dis. Ah ! Pierre Vuidelame, le fils de Mathieu, veut battre Francelin Martecheu dans sa maison ! Va-t'en, jour de la vie vivante ! va-t'en !

Pierre n'avait pas osé bouger. Quand il vit le fusil appuyé contre le montant de la porte, il se décida à partir à reculons ; puis la haie passée, il se mit à courir. Il ne s'arrêta que quand il fut hors de portée de fusil. Là, il se répandit en injures, montra le poing, prodigua les plus folles menaces.

Le vieillard était déjà renfermé chez lui.

Dès le lendemain, le village fut plein de rumeurs. Les bruits les plus étranges couraient de maison en maison, et, peu de jours après, chaque foyer avait sa version sur les aventures de Flore. Les gens bien informés assuraient, dans le principe, que Flore s'était sauvée avec Fidéri ; Pierre Vuidelame les avait rattrappés ; le père Francelin avait favorisé cette fuite pour arriver au mariage : c'était un vieux sorcier ; et furieux du mauvais succès de sa coquinerie, il avait été avec son vieux fusil jusqu'à la ferme de Vuidelame ; il l'avait manqué, c'est vrai, mais il avait cassé toutes ses assiettes. Les autres, qui invoquaient aussi de bonnes autorités, juraient que Flore courait le monde; Fidéri l'avait plantée là, et le père Francelin avait cassé un bras à Pierre Vuidelame. Enfin, les gens graves, sincères, désintéressés, les vieillards prudents, les matrones sages, les jeunes filles modestes, avaient une autre version qui finit par triompher. Vuidelame avait trouvé Flore et Fidéri en tête-à-tête ; alors Vuidelame avait fait une belle chose, qu'on raconterait longtemps : quoiqu'il fût riche à remuer les écus à la pelle, et que les Martecheu fussent gueux comme des souris dans une ruine, il n'avait pas voulu que Flore fût perdue, et il avait consenti au mariage. Il avait même été jusqu'à faire la demande ; mais Francelin, poussé par le diable, lui avait répondu des injures et lui avait dit de se garer, parce qu'il le tuerait un matin ou l'autre.

C'était là, on le comprend, la version que Pierre Vuidelame avait lancée dans le monde, avec force réticences cruelles et maint embellissement insultant.

Si je m'étais trouvé là, j'aurais pu sans doute donner une autre couleur à cette aventure ; mais j'étais allé, on se le rappelle, à plusieurs lieues de là, à la Verte-Voie, où je devais passer huit jours. La pauvre Flore était donc une fille déshonorée, Francelin un fou furieux, Fidéri un benêt, et Pierre Vuidelame un héros de bonté, de magnanimité et de générosité. Dans le commencement, l'affaire menaçait même de prendre une tournure grave. Le maire crut devoir aller interroger le vieillard. Celui-ci raconta simplement qu'on avait voulu lui casser les reins, et qu'il avait dû prendre son fusil pour sa défense. Vuidelame était trop rusé pour porter sa plainte. Il craignait le ridicule qui se fût attaché à lui, se sauvant devant les menaces d'un homme de soixante-treize ans. Il savait, en outre, que le bonhomme ne prendrait pas la peine de réfuter les bruits qu'il lui plairait de faire courir. Devant la justice, la vérité pourrait se faire jour. Il aimait donc mieux avoir le champ libre et se venger à force de calomnies. Personne ne se plaignant, le maire en resta là ; mais les soupçons, les insinuations insultantes, les grossières suppositions arrivèrent à un tel degré, que personne, parmi même les mieux intentionnés, ne crut pouvoir dire un mot pour les combattre.

La jeune fille sortait peu : elle avait à peine remarqué les méchants regards, les murmures qui s'élevaient autour d'elle. Elle avait le cœur trop triste : son grand-père lui avait défendu, avec les plus énergiques paroles, non-seulement de dire un mot à Fidéri, mais même de jamais de lever les yeux sur lui. Ce dernier avait reçu de son père la même injonction ; il commençait d'ailleurs à se sentir cruellement blessé des insultes faites à sa famille par le vieillard.

Le dimanche suivant, l'orage éclata.

CHAPITRE VIII

Le dimanche suivant, quand la jeune fille entra dans le cimetière pour se rendre à la grand'messe, elle y trouva tout le village assemblé. On paraissait l'attendre, et un murmure mêlé de ricanements s'éleva à son arrivée. Les femmes et les filles formaient une haie sur son passage; celles qu'elle salua lui tournèrent le dos, et celles dont elle s'approcha s'éloignèrent. Elle jeta sur quelques-unes d'entre elles des yeux étonnés, puis suppliants; mais elle ne rencontra que des regards méprisants. Elle releva alors la tête et rentra dans l'église, la figure rouge et les lèvres tremblantes, mais le front haut et le regard tranquille.

Elle alla prendre sa place habituelle devant l'autel de la Sainte-Vierge. Les deux jeunes filles qui étaient avec elle *reines* pour l'année quittèrent son voisinage et se rendirent près de leurs mères, dans le bas de l'église. Ce coup lui fut le plus sensible : ces jeunes filles étaient bonnes ; elles avaient paru jusqu'ici l'aimer, et elle comprit qu'elle devait être bien généralement méprisée pour qu'elles eussent voulu la traiter d'une aussi insultante façon. Elle se retourna pour chercher une physionomie sympathique ; elle vit tous les yeux fixés sur elle, mais tous avec cette expression de reproche qui l'avait accueillie. Chacun semblait étonné de son effronterie, et tous ces yeux lui disaient clairement que c'était une incroyable audace pour une fille perdue de venir se mettre à la place d'honneur, au plus près de la Vierge sans tache. Elle prit encore une fois courage et s'approcha de l'autel selon l'usage, pour allumer les cierges ; mais alors, malgré la sainteté du lieu, il s'éleva un murmure tellement expressif, qu'elle revint tomber sur sa chaise sans avoir pu achever son office. Elle n'osa pas aller à l'offrande ni à la quête ; cependant elle sentait que chacun attendait ce moment-là, que l'attention de tous était portée vers elle, et que son abstention serait interprétée comme une confession.

Le père Martecheu, dans le haut de l'église, parmi les hommes, paraissait étranger à toute émotion. Après le *Credo*, il prit comme d'habitude la sébille et s'en alla tranquillement quêter pour les trépassés. Il ne reçut pas un liard. Il revint s'as—

seoir et pria sans distraction jusqu'à la fin de la messe. Quand le monde fut sorti, il se retourna vers sa fille qui était restée seule, fit un pas vers elle comme s'il avait l'intention de l'emmener, puis il haussa les épaules et s'en alla, l'air indifférent, la tête haute, la démarche assurée.

Flore attendit quelque temps encore, et quand elle supposa que le cimetière était solitaire, elle sortit. Il n'y avait plus, en effet, que quelques vieilles femmes à genoux devant les croix plantées sur les tombes de leur famille. Elle se dirigea vers l'une d'elles, notre fermière des Champs-Greslins, femme intelligente et bonne, qui lui avait toujours témoigné de l'amitié. Quand celle-ci releva la tête, après son *De profundis*, elle vit la jeune fille assise sur un tertre, au pied d'un grand calvaire, la tête penchée, les mains jointes.

— C'est bien de prier, lui dit-elle d'une voix plus triste que méchante, mais je n'aurais jamais cru que ça serait toi, Flore, qui mettrais le trouble dans nos villages.

— Mais madame, je vous assure...

— Tais-toi, Flore ; j'ai entendu Pierre Vuide-lame : mon mari a entendu ton grand-père ; voilà ton chemin, va-t'en. Si j'étais de toi, je quitterais le pays. Je ne veux rien te dire davantage.

En voyant que la jeune fille ne quittait pas la

place, elle partit à grands pas, comme si elle craignait d'être suivie. Flore resta assise quelque temps encore, espérant que quelques-unes des vieilles femmes, en passant devant elle, lui dirait un mot de consolation. Toutes s'éloignèrent en silence.

Quand elle se trouva seule, elle se sentit dans une grande angoisse. Elle devait, pour arriver au pont du village, traverser le terrain communal et la place au milieu de laquelle était situé le cabaret. Elle savait qu'à cette heure tous les jeunes gens y étaient rassemblés. Elle songea un instant à aller rejoindre un autre pont à deux lieues de là. Mais grand-père attendrait après sa soupe, et c'était un homme si fier qu'il ne comprendrait pas sa frayeur. Elle fit une fervente prière et s'avança en tremblant.

Tous les jeunes gens étaient en effet·rangés devant le cabaret. Son apparition fut accueillie par un immense éclat de rire. Puis vinrent les huées, les dictons cyniques, les allusions grossières, les questions insultantes. Quand elle fut en face d'eux, une bande des plus jeunes sortit de l'auberge avec tout ce qui pouvait faire un bruit aigre et grotesque; ils lui donnèrent une aubade mêlée de cris et de couplets injurieux. Elle passa la tête basse, d'un pas rapide, sans oser porter la main à son front pour essuyer la sueur qui coulait sur son visage. Mais la commune était longue, et la pauvre fille entendit bien des vers de la chanson que le malin, le poëte du village, Jean Jougleux, avait composée la veille en son honneur.

La fille à Francelin,
  Terlin din din,
 N'aim' pas le grand chemin,
  Din din,
Mais elle aim' bien la brune,
  Terlin,
Peut-êtr' pour voir la lune,
  Din din.

La lune qui lui plaît,
  Terlin din din,
C'est un beau garçonnet,
  Din din,
Pour dire à la jeunette,
  Terlin,
Un p'tit mot d'amourette.
  Din din.

Ell' lui dit : « Mon garçon,
  Terlin din din.
Viens-tu sur le gazon ?
  Din din. »
Sur le gazon s'assirent,
  Terlin.
Puis à causer se mirent,

Din din.
Ils causèrent si bien,
    Terlin din din,
Qu'ils n'entendirent rien,
    Din din,
Mais le pèr' Vuidelame,
    Terlin,
Apparaît comme une âme,
    Din din.

Le père dit : « Bonjour,
    Terlin din din,
Voilà core un bon tour,
    Din din,
Mais je vas, mauvais' fille,
    Terlin,
Le dire à votr' famille,
    Din din. »

Flore n'en entendit pas davantage. La haie du chemin la cacha à tous les regards ; elle se mit à courir, longea les bâtiments des Champs-Greslins, la haie du petit bois, et tomba hors d'haleine et comme folle, sur le banc de gazon qui jouait un si cruel rôle dans son histoire.

— Si monsieur Louis était ici, derrière ! murmura-t-elle, et elle éclata en sanglots convulsifs.

Hélas ! je n'étais pas là, et Fidéri, la seule personne au monde qui, avec moi, eût pu la consoler, Fidéri était en ce moment occupé à se battre sur la place avec l'auteur de la chanson.

Flore essuya ses yeux, car il était l'heure de rejoindre son grand-père ; le soleil montait haut dans le ciel, et l'*Angelus* allait bientôt sonner. Où était le temps où elle chantait sa jolie chanson d'amourette quand cette heure sonnait? Il ne s'était pas écoulé beaucoup de jours, mais ces jours avaient été si cruels qu'il lui semblait qu'elle ne chanterait jamais plus.

Elle passa toute l'après-midi du dimanche assise sous son prunier, à côté du vieux coq, qui paraissait plus grave et plus mélancolique que jamais. Le père Francelin alla aux vêpres à l'heure ordinaire ; mais il ne dit pas un mot à sa petite-fille pour l'engager à le suivre.

Fidéri rentra le soir un œil poché et les vêtements en lambeaux. Quant au chanteur, il avait eu deux dents cassées, et il ne devait plus de sa vie prononcer solennellement les syllabes ronflantes de sa poésie. Pierre Vuidelame, en voyant rentrer son fils dans un si piteux état, avait dit seulement.

— C'est ça ; ça se doit, je m'y attendais ; on est jeune. Mais que ce soit tout et bien fini, ou bien je me mettrai de la partie avec ma gaule, et nous verrons.

CHAPITRE IX.

Fidéri, comme le prouvait la mâchoire du poëte villageois, avait promptement perdu le sentiment de colère qu'avaient fait naître en lui, contre Flore elle-même, l'obstination, la haine persévérante du vieillard. Il était attaché à sa fiancée par de longues années d'amour tranquille, par ses pensées de chaque jour, par tous ses projets d'avenir. Il n'avait pas hésité un instant à protester, par les plus énergiques paroles d'abord, par les coups ensuite, contre les insultes faites à son amoureuse. Il passa la nuit, moitié à réfléchir, moitié à se bassiner les yeux, et il se persuada facilement qu'il n'y avait plus qu'une seule personne qui pût protéger Flore.

Le lendemain, de grand matin, il alla trouver le curé du village et lui raconta toute l'affaire; celui-ci en connaissait déjà les circonstances extérieures. Il avait cherché à remonter à la source des accusations, et quoiqu'il y eût certains détails qui lui eussent paru obscurs et inexplicables, il se trouvait tout disposé à admettre la sincérité de la version de Fidéri.

C'était d'ailleurs un homme doux et plein de sens. Il était le fils unique d'un gros cultivateur du Calaisis, et il possédait les qualités ordinaires des vieilles et sages familles de paysans. Ces qualités avaient été élevées encore et purifiées par l'abnégation, par la culture de l'intelligence, par une préoccupation continuelle de la responsabilité que son ministère lui imposait devant Dieu. Cependant une timidité excessive, sans cesse en lutte avec son zèle, le rendait parfois indécis et l'empêchait de montrer d'abord tout ce qu'il y avait en lui de générosité et de charité. Le zèle l'emportait, mais cette lutte le rendait malheureux, et elle contribua sans doute au développement de la maladie qui le minait. Tout le monde, dans le village, disait qu'il était poitrinaire, et sa longue figure maigre, son teint plombé, sa toux légère, mais continuelle, ne donnaient que trop raison à l'opinion générale. Puis, comme il était actif, prêchant fréquemment, parlant à chacun avec cette simplicité sensée et émouvante qui le caractérisait, comme on le rencontrait souvent sur les routes allant visiter les malades, porter secours aux pauvres ou confesser les mourants, cette faiblesse de constitution, à côté d'un si constant dévoùment, lui avait valu la réputation d'un saint. Il mourut deux ans après les événements que je viens de rapporter, mais je ne crois pas que dans le village on ait encore oublié les yeux doux, la longue figure et la démarche active du bon M. Secart.

Il promit à Fidéri de travailler de toutes ses forces à mener les choses à bien, mais ce fut le surlendemain seulement qu'il put se décider à aller voir le père Martecheu.

Quand il entra, celui-ci était seul ; Flore était allée dans le voisinage sarcler quelques mauvaises herbes. Le vieillard n'avait pu s'empêcher de froncer légèrement le sourcil en le voyant arriver ; il salua cependant avec son respect habituel, et lui offrit un escabeau.

— Bonjour, père Francelin. Vous savez pourquoi je suis venu ? dit le prêtre en surmontant un dernier effort de sa timidité.

— M'est avis que je m'en doute, monsieur le curé.

— Vous êtes un homme de sens et un bon chrétien ; je puis aborder franchement la question. Ce qui est arrivé devait arriver. Mes prédécesseurs dans la conduite de cette paroisse ont employé tous leurs soins à faire respecter la morale ; ils y sont parvenus. Les gens de ce pays sont libres dans leurs manières, parfois grossiers dans leurs plaisanteries; mais jamais, malgré les doctrines perverses qui envahissent peu à peu nos contrées, jamais on n'a entendu dire qu'une fille ou qu'une femme de ce village ait perdu le respect de ses devoirs. J'espérais, au bout de ma vie, qui peut être courte, paraître devant le Seigneur à côté de mes saints prédécesseurs. Ah! père Francelin, je n'aurais jamais cru que ce fût Flore qui dût me faire baisser les yeux devant notre juge lorsqu'à l'heure suprême il me demandera compte du troupeau confié à ma garde! Ne me reprochera-t-il pas, continua le prêtre en portant la main à son front, d'avoir été la cause de ce mal en permettant à Flore de si intimes conversations avec Fidéri?

— Est-ce que vous croieriez Flore coupable, monsieur le curé? demanda le paysan avec vivacité.

— J'espère, je veux croire qu'elle ne l'est pas. Pourtant les plus sages, les meilleurs, les plus pieux, oui, tout le monde est persuadé du contraire. Mais je n'abandonnerai pas Flore : si elle est coupable, Dieu m'accordera la grâce de la ramener à lui; si elle ne l'est pas, je lui montrerai l'Agneau sans tache suspendu à la croix!... Vous savez, reprit le prêtre après quelque hésitation, le cruel traitement qu'on a infligé à la pauvre enfant?

— Oui, répondit Francelin, et Pierre Vuidelame

n'y a pas été inutile. Je sais bien ses ruses ; c'est lui et ses gens qui ont excité tout le monde et monté le coup.

Le prêtre ne répondit rien : il savait que cela était vrai. Vuidelame avait fait épouser sa querelle aux parents de sa femme, qui étaient puissants dans les environs, et qui avaient dirigé comme ils l'avaient voulu l'opinion du village. C'était lui encore qui avait poussé ses domestiques à organiser un charivari devant le cabaret.

— Quoi qu'il en soit, reprit M. Secart, le reproche d'hypocrisie que l'on fait à Flore m'ôte presque tout pouvoir de la protéger : on pensera qu'elle continue de me tromper ; et savez-vous ce qui va arriver maintenant ?

Il s'arrêta ; la partie facile de son discours était achevée. Ce qu'il avait encore à dire était rude, et sa timidité se joignait à son bon cœur pour lui rendre pénible le reste de cette conversation. L'attitude froide, presque indifférente du vieillard, son impassibilité austère n'étaient pas d'ailleurs propres à encourager le jeune prêtre. Il resta un instant silencieux à son tour. Puis il reprit, les yeux baissés, et comme si chacune de ses paroles lui coûtait un effort :

— Oui, cela est triste ; mais il faut bien vous le dire : vous allez être traités, Flore et vous, comme des païens et des pestiférés. On ne vous fera plus d'injure publique ; mais pourrai-je vous donner l'estime, vous épargner le mépris, faire cesser le silence à votre approche, les murmures, les allusions ? Flore sera le texte des plaisanteries dans les veillées, dans les fêtes de la moisson qui vient. Nulle femme honnête ne consentira à l'occuper ; nul fermier ne voudra le moindre rapport avec vous. Puis, c'est une dure nécessité, mais M. le doyen m'a ordonné de retirer à Flore son office de reine.

Le vieillard montra quelque signe d'agitation à cette dernière nouvelle ; mais il n'ouvrit pas les lèvres, et le silence recommença.

— Ainsi donc, vous voilà déshonorés et ruinés, reprit M. Secart, et, oui, c'est vous, Francelin, qui êtes la cause de tout le mal.

— J'ai fait ce qui se devait, répliqua tranquillement celui-ci. Vous nous avez dit souvent, monsieur le curé, de faire notre devoir, et d'accepter avec soumission tout ce qu'il adviendrait.

— Votre devoir, père Francelin ? Refuser votre fille à un honnête garçon qu'elle aime, la pousser par là à la tentation, l'empêcher de devenir la plus heureuse, la plus honorée femme de ce pays ! Quel devoir a pu vous engager à cela ? Je ne le sais, mais je sais que vous allez faire vos efforts pour tout réparer, n'est-il pas vrai ?

— Ça ne se peut, monsieur le curé.

— Comment, dit celui-ci avec étonnement, vous
ne voulez pas aller prier Vuidelame de permettre
que son fils répare le scandale qu'il a causé?

Francelin fit un geste négatif.

— Que Dieu ne vous punisse pas de votre orgueil, continua le prêtre après quelques instants
de réflexion ; j'irai donc moi-même, et je le conju-
rerai...

— Ne faites pas cela, monsieur le curé, je vous
dédirais. Oui, dit le vieillard, en se levant et en
s'abandonnant à cette émotion qu'il essayait de
vaincre depuis le commencement de la conversation, si le bon Dieu veut que Flore soit déshonorée
aux yeux de tous, elle le sera. Il n'y a pas eu de
sa faute, il n'y pas besoin de réparation. Le scandale, ce n'est pas nous qui l'avons fait ; si on
nous montre au doigt, le bon Dieu nous montrera
aussi au doigt un jour, nous et les autres, pour
ouvrir la poitrine d'un chacun, et alors on verra
l'âme de tout le monde? Si nous mourons de faim
ici, je vendrai cette cabane et je m'en irai ! Si on
dit partout, en voyant passer Flore : « Voilà la fille
qui a fait ci et ça, » et si on lui rit au nez, et si on
lui donne des noms, des sobriquets d'injure, j'irai
plus loin, et je mendierai, moi qui suis un vieux
cultivateur, et elle souffrira, quand elle est une

honnête fille, jusqu'à ce que nous trouvions un village où nous gagnerons notre pain sans affront.
Mais Vuidelame et Fidéri seraient là, à deux genoux, sur mon seuil, tout le village serait là avec
des fourches, des chaudrons et des chansons contre
moi et contre Flore pour qu'elle se marie, je dirais
à ces deux, comme je leur ai dit : « Allez ne dés-
honorez pas le seuil de Francelin Martecheu ; »
et je dirais à tout le village : « Chantez si vous
voulez, frappez si vous pouvez ; mais, moi vivant,
Flore ne se mariera pas avec un Vuidelame, et
moi mort, elle ne le fera pas non plus, parce que
je reviendrais pour la tourmenter ! »

— Mais voyons, dit le prêtre qui s'était levé à
son tour, donnez-moi au moins une raison qui
explique cette haine insensée ! Êtes-vous sage ?
Êtes-vous chrétien ? Vous rappelez-vous que vous
devez bientôt comparaître devant Dieu ?

— Je n'ai pas de haine, monsieur le curé ; je
crois bien qu'on peut me trouver un vieux fou,
mais je fais ce que dois faire, et le bon Dieu le sait
bien.

— Je ne suis pas ici votre juge, repartit le prêtre
d'une voix attristée, mais je vois ceci : vous avez
mis le scandale au milieu de vos frères, la haine,
les querelles entre les voisins, vous tenez votre
fille en état de déshonneur, et vous n'auriez qu'un

mot à dire pour faire cesser tout cela ! Que Dieu vous juge donc moins sévèrement que les hommes !

— Je sais bien que vous devez penser et parler comme vous le faites, monsieur le curé, mais il faut que ça soit.

Le prêtre, persuadé de l'inutilité de ses efforts, sortit. Il rentra presque immédiatement.

— Tenez, regardez, dit-il en lui montrant Flore qui revenait d'un pas alourdi, la figure tirée, les yeux enfoncés et à demi-fermés ; voilà le résultat de ce que vous appelez votre devoir !

— Bonjour, monsieur le curé, dit la jeune fille en baissant les yeux, tandis que la rougeur de la honte cachait pour un instant la pâleur de ses joues.

—Bonjour, mon enfant ; comment vous trouvez-vous ?

— Ça ne va pas, je crois bien, monsieur le curé !

— Dis ce que tu as, fillette, si tu as quelque chose.

— Ça ne sera peut-être rien, grand-père. Il m'a pris des étourdissements ; je ne savais plus si j'avais froid ou chaud, et je ne voyais plus clair. Je suis venue me reposer un instant. Je vais retourner tout à l'heure quand j'aurai repris mon haleine.

— Voyons un peu, dit le vieillard en lui tâtant le pouls.

Puis il se tourna vers le prêtre d'un air effrayé.

— Voudriez-vous voir, monsieur le curé? Vous êtes meilleur médecin que moi.

M. Secart avait, en effet, comme plusieurs de ses confrères, quelques notions de médecine. Il s'approcha de Flore, lui prit la main, lui regarda la langue et les yeux, lui fit quelques questions auxquelles elle répondit d'une voix rauque; puis prenant le vieillard par le bras, il l'amena près de la porte.

— Je crois que cela est grave, père Francelin.

— M'est avis aussi que c'est grave, monsieur le curé; qu'est-ce qu'il faut faire, à votre idée ?

— Ce qu'il faut faire, je vous l'ai indiqué. Dites-lui une bonne parole, donnez-lui la joie au cœur, et la cause du mal partie, le mal s'en ira promptement.

Francelin secoua la tête.

— Il me semble pourtant, dit le prêtre révolté par cette obstination, que Dieu vous parle assez clairement. Voulez-vous donc la laisser mourir ?

— Ah ! monsieur le curé !

— Que vous faut-il donc de plus ? Vous ne craignez pas le malheur, ni la mendicité, ni le déshonneur, mais que répondrez-vous quand Dieu et les hommes vous accuseront d'avoir tué votre enfant? Répondez donc ! Vous êtes muet? Eh bien, je vous ai parlé jusqu'ici comme homme ; maintenant je vous parle comme prêtre, et je vous dis au nom de Dieu, que vous n'avez ni raison, ni droit pour agir comme vous faites.

— Au nom de Dieu ! répéta plusieurs fois Francelin en regardant son interlocuteur d'un air presque égaré. Non, ce n'est pas encore ça, reprit-il en se pressant le front, et si feu l'abbé de Ricault, l'ancien curé de Zotinghem, était ici, il me dirait : « Ce que tu fais est bien fait, mon garçon ; tu as raison, tu as raison. »

— Grand-père, dit la jeune fille, qui s'était approchée et qui se jeta tout en larmes aux genoux du vieillard ; je sens que je m'en vais, ne me laissez pas mourir comme ça. Tout ce que vous avez voulu, je l'ai fait. Vous m'avez dit : « Ne lui parle pas ; » je ne lui ai pas parlé. Vous m'avez dit après : « Ne le regarde pas ; » je ne l'ai pas regardé. Je n'ai pas commis de faute, quoi qu'ils disent ; je n'ai jamais voulu même l'embrasser.

— Ah ! dit le vieillard en levant les yeux au ciel et en les abaissant vers M. Secart d'un air triomphant.

— Pourquoi alors ne voudriez-vous pas que je sois heureuse, enfin ? S'il a fait quelque mal contre vous, est-ce que je n'ai pas souffert assez depuis dix ans pour que ça lui soit pardonné ? Ce que j'ai

enduré encore les autres jours, et dimanche surtout, allez, grand-père, ça effacerait bien des
fautes. Voyez-vous, grand-père, il faut que M. le
curé me pardonne, mais je n'ai plus de cœur à la
vie : il me semble qu'on a coupé les liens de mes
bras et de ma tête, et que ma tête et mes bras vont
rouler par terre. Dites un mot, père, rien qu'un mot,
ça vous est si peu, et pour moi ça me remettra la vie
à l'âme. Je ne vous ai jamais rien osé dire, ni osé
demander, ni osé répliquer, ni rien ; vous me
disiez : « Flore, fais ci et fais ça, » et je faisais.
Vous m'auriez dit : « Flore, mon enfant, il faut
aller à deux genoux sur les cailloux pointus ramas-
ser les feuilles mortes dans les buissons pour me
faire un lit, » j'y aurais été bien vite. Encore à cette
heure je n'oserais rien vous dire si je ne sentais que
ça va mal ; mais je vous le demande, grand-père,
donnez-moi la vie, la vie, la vie, répétait-elle avec
des sanglots convulsifs en se traînant aux pieds du
vieillard.

Le prêtre prit une des mains de la jeune fille et,
les larmes aux yeux, s'inclina devant le vieux
paysan :

— Voyons, Francelin, disait-il, me voilà, moi
aussi, presque à vos genoux ; je ne crains pas de
m'humilier pour le bonheur de cette enfant, pour
votre salut, pour la réparation du scandale. Je vous

en conjure, ayez pitié de mes larmes ; ne repoussez pas un ministre de votre Dieu qui s'abaisse devant vous pour vous prier de sauver l'honneur et la vie de votre fille.

Le vieillard ne put résister plus longtemps à l'émotion qui le gagnait ; il regarda le prêtre d'un air humble et confus, releva la jeune fille et sanglota sur son front.

— Oui, grand-père, dit celle-ci tout bas, et si c'est notre pauvreté qui vous afflige, ne craignez rien ; je suis plus riche que lui : le père de M. Louis a écrit qu'il ne voulait pas vous forcer, mais qu'il donnerait la Verte-Voie pour mille écus à celui qui m'épouserait.

— Il a dit ça ! cria le vieillard en fronçant les sourcils et en la repoussant brusquement. C'est toujours les mêmes gens, braves gens ! La Verte-Voie ! Le père de M. Louis ! Allons, faut en finir. Monsieur le curé, je donnerais ma tête pour vous, et je n'oserai jamais vous regarder sans rougir, pour votre bonté ; et toi, mon enfant, tu sais bien que je donnerais le reste de mon sang pour te faire une médecine. Il arrivera ce qu'il plaira à Dieu, mais ça ne se peut pas ! Épouser un Vuidelame, non, jour de Dieu, ça ne se peut pas ! C'est fini ; il vaut mieux tous mourir.

La jeune fille tomba comme une masse inerte

sur la terre battue. Le vieillard se précipita vers elle, lui mit la main sur le cœur, la porta sur la paille qui lui servait de lit, puis saisissant une lancette dans un petit étui sur la cheminée, il lui piqua le bras. Le sang coula goutte à goutte, et le vieux paysan pâlit horriblement. Il courut, hors de lui, jusqu'à la porte.

— Où allez-vous ? lui dit M. Secart.

— Quoi ? Ah oui, c'est vous, monsieur le curé. Où je vais ? Chercher le meunier blanc, puis un médecin au bourg, au grand trot. Vous voyez bien que le sang ne veut pas couler.

— Restez, Francelin, répondit le prêtre d'une voix douce. Je vais aller au bourg ; je suis plus jeune, j'irai plus vite, et j'aurai plus d'autorité pour décider le médecin à venir immédiatement.

— Ah ! monsieur le curé, moi aussi je me mettrais à deux genoux devant vous. Vous êtes un saint, je le sais plus que tout le monde, mais vous m'avez demandé une chose...

— Chut, ne pensons plus au mal irrémédiable. Priez Dieu pour vous et pour votre fille, pendant que je vais en faire autant de mon côté.

Il partit d'un pas rapide en remuant les lèvres. A l'entrée du bourg, il recommanda au pharmacien de fournir tous les médicaments qu'on lui demanderait ; il se chargeait du paiement. Le médecin, sur ses instances, mit son cheval au trot, comme pour un propriétaire.

Flore avait le délire, et au bout de quelques jours, le médecin déclara qu'elle avait une fièvre de la plus dangereuse espèce.

CHAPITRE X

Un mendiant voyageur qui vint, à la Verte-Voie, demander à coucher, nous apprit l'aventure du dimanche. Je revins en toute hâte aux Champs-Greslins, où l'on me raconta l'affaire dans tous ses détails. On ajoutait, pour conclusion, que Flore était à la mort, et que les plus respectables mères de famille, voyant là le jugement de Dieu, étaient intérieurement satisfaites d'une punition si prompte qui empêcherait à l'avenir les jeunes filles de s'abandonner au mal.

A mon tour, je dis ce que je savais. Comme chacun m'aimait, comme on n'ignorait pas mes habitudes de véracité, je n'eus pas de peine à combattre les accusations de Vuidelame. Ma version était, du reste, entièrement d'accord avec celle de Fidéri, et la lettre de mon père, qu'il avait reprise au sien, ne laissa pas le moindre doute sur ma sincérité.

Alors, comme toujours, il y eut une réaction excessive. On s'apitoya sur le sort de Flore. Chacune des qualités qu'elle avait fut portée jusqu'aux nues ; celles qu'elle n'avait pas lui furent généreusement octroyées, et l'on n'entendit plus parler que de sa douceur, de sa sagesse, de son courage, de son amour, voire de sa beauté. Les plus riches fermières tinrent à honneur de lui faire amende honorable. La cabane fut accablée de visites et de cadeaux.

Mais la pauvre fille était dans un délire presque continuel ; son grand-père ne laissait entrer que le médecin, le curé et le vieux meunier. Il refusa brusquement toute consolation et tous dons, de sorte qu'au bout de peu de temps Flore resta en grande estime, mais le père Francelin fut définitivement considéré comme un vieux fou, indigne de commisération. Ce fut là le dernier mot de l'opinion publique, qui constata d'ailleurs qu'il était une des principales causes du malheur arrivé à sa fille.

C'était aussi mon avis, et je ne mis pas une fois les pieds à la cabane. Je me tenais au courant des nouvelles de Flore, à l'aide du curé, du meunier blanc, à l'aide du médecin surtout que j'allais attendre chaque jour sur la route et qui ne me donnait jamais que des détails désespérants.

Je rencontrais parfois le pauvre Fidéri qui errait

comme un fou sur les chemins, guétant l'arrivée du médecin, et le quittant toujours avec une tristesse sombre que mes plus caressantes paroles ne pouvaient parvenir à dissiper.

Il était, du reste, malheureux de toute façon. Son père était en butte au mépris général : ses mensonges, qui allaient causer la mort de la jeune fille, le rendaient criminel à tous les yeux. On lui en voulait surtout à cause de son faux semblant de générosité, et il n'y avait eu qu'un cri contre lui quand on apprit par moi les avantages considérables qu'il devait retirer du mariage de son fils avec Flore. Ses parents se plaignirent du rôle odieux qu'il leur avait fait jouer, et s'il eût été moins riche ou moins redouté, je pense qu'il n'eût pas été prudent à lui de s'aventurer le soir dans les voies sombres.

Le poëte villageois fut encore, dans cette période de réaction, la victime des amours de Flore. Il ne perdit pas de nouvelles dents, du moins je le crois ; mais Fidéri ne le rencontrait pas sans chercher quelques menues consolations au détriment de ses épaules. Comme ce dernier était maintenant appuyé par l'opinion, le poëte se trouvait assailli de tant de huées, si vivement escorté quelquefois par des projectiles de diverses qualités solides, qu'il s'exila jusqu'au cabaret du village voisin.

Les domestiques de Vuidelame furent aussi tellement bafoués qu'ils quittèrent la ferme et racontèrent, pour leur défense, les conseils, les ordres que le fermier leur avait donnés pour l'organisation du fameux charivari. Ce dernier fut contraint de prendre des domestiques étrangers au village, et nul ne trouva le moindre mot à dire pour sa défense.

Mon père se chargea de lui infliger une punition plus sévère.

Pierre Vuidelame avait profité du léger trouble qui suivit la révolution de 1830 pour déplacer les bornes d'une de nos propriétés, voisine de ces douze fameuses mesures dont il avait parlé à Francelin. On pense bien qu'il ne s'était pas livré à cette opération pour nous faire délicatement cadeau de vingt ares de terres labourables ; il espérait que cette révolution ressemblerait à l'autre dont il avait gardé bon souvenir ; il crut le moment favorable pour s'arrondir sans bruit, et n'avait pas même employé toutes les précautions qu'il eût prises en un autre moment.

Mon père ne connut ce vol que quelque temps après, quand l'esprit de son fermier fut assez rassuré sur les suites de la révolution pour lui permettre de faire une bonne action, en dénonçant le voleur. Il le fit, du reste, si timidement, avec une telle frayeur des conséquences de sa vertu, que mon père se contenta pour le moment de réunir sans bruit toutes les preuves du délit. La conduite de Pierre Vuidelame à l'égard de Flore le révolta. Il lui fit savoir qu'il allait lui intenter une action en déplacement de bornes.

Le fermier resta étourdi à cette annonce; puis il s'empressa d'aller consulter un homme de loi marron du bourg voisin, grand coquin, madré, expert en toute espèce d'honnêtes voleries. Il blâma vivement la maladresse de son compère Vuidelame et lui annonça que les juges auraient à choisir en sa faveur entre la prison et la réclusion ; « quant aux frais et aux amendes, il pouvait seulement dire que ça ferait un fameux trou à la bourse de son cher camarade. »

Ce cher camarade, à la suite de telles consolations, rentra chez lui dans un état d'abattement étrange, et après de longues réflexions, il ne vit qu'un moyen de se sauver ; ce moyen, c'était le mariage de son fils avec Flore. Il rêva les plus ignobles humiliations pour toucher l'orgueil du vieillard. Mais avant tout il fallait que Flore fût sauvée ; or, le médecin ne laissait pas d'espoir, disait-on.

Ses angoisses furent presque aussi douloureuses que celles du pauvre Fidéri, et la ferme servie par de nouveaux domestiques, dirigée par deux maîtres accablés de préoccupations poignantes, la ferme déclinait sensiblement. On disait à voix haute dans le village que la malédition de Dieu descendait lourdement sur les Vuidelame.

Fidéri paraissait insensible à toute considération qui ne regardait pas Flore. Les événements de ces derniers jours avaient secoué la froide nature du paysan et lui avaient donné un amour extravagant qui ne ressemblait à aucun des sentiments qu'il avait jamais eus. Je ne comprenais rien à sa conduite, mais j'avais pour lui la même pitié que j'aurais eue pour un pauvre animal blessé et traînant péniblement derrière lui ses membres brisés. J'avoue que je ne puis trouver de meilleure comparaison pour faire comprendre l'apparence de torture intérieure qu'il présentait.

— Fidéri, lui dis-je un jour que le médecin s'était contenté de secouer la tête pour toute réponse, pourquoi n'allez-vous pas voir à la cabane?

Le jeune homme me regarda d'un air hébété, puis faisant un soubresaut comme s'il venait seulement alors de comprendre clairement :

— Tiens, c'est vrai, monsieur Louis; ça ne m'était jamais venu; ça n'avait jamais osé me venir à l'esprit. C'est ça. Mais vous viendrez bien avec moi, monsieur Louis.

— Non, repris-je fièrement ; je déteste le père Francelin.

— Eh bien ! tant pis, j'irai. Qu'est-ce qu'il pourrait me faire de mal quand il me tuerait ?

Il s'éloigna, puis il revint.

— Mais s'il ne voulait pas auparavant me laisser voir Flore ?

— Tu lui diras que je veux que tu la voies. La bonne Flore me disait qu'il lui recommandait toujours de m'obéir ; peut-être qu'il obéira lui-même.

— J'y vais, monsieur Louis. Qu'est-ce qu'il pourrait me faire de mal quand bien même il me tuerait ? répéta machinalement le garçon en s'éloignant.

Quelques minutes après, il me prit une sorte de remords d'avoir donné ce conseil ; je me rappelai que tous ceux que j'avais donnés avaient mal tourné, et je me mis à courir pour rejoindre Fidéri.

Mais il était parti en grande hâte ; il se trouvait déjà hors de ma vue. Je m'arrêtai et je m'assis haletant sur le bord du chemin. Le terrible fusil dont le vieillard paraissait si disposé à faire usage contre les Vuidelame me revint en mémoire. Je me mis à pleurer, puis essuyant mes larmes, je tournai l'oreille avec anxiété du côté de la cabane, comme si j'allais bientôt entendre le coup fatal.

Fidéri s'approcha de la maison à pas de loup et colla son visage contre les vitres.

Le vieillard était assoupi, assis sur le sol, la tête appuyée sur les planches du lit. Il se réveilla en sursaut au bout de quelques minutes, regarda avec anxiété le visage de sa petite-fille endormie, et se leva pour aller chercher quelque linge mouillé destiné à lui envelopper le front. Il fit un soubresaut en apercevant la figure du fils de son ennemi encadré dans un carreau : on eût dit qu'il voyait une apparition diabolique.

Il recula d'abord, puis, comme poussé par un élan de haine, il se précipita vers la porte et l'ouvrit toute grande.

— Qu'est-ce que tu viens faire ici, toi, maudit ? Va-t'en ! Ne me tente pas dans ces moments-ci. J'ai averti ton père, ainsi ! Et n'y reviens plus.

— Qu'est-ce que je vous ai fait de mal, père Francelin ? Laissez-moi là encore un peu, je ne fais de tort à personne, et je n'en ai jamais fait, c'est la vérité du bon Dieu.

— Va-t'en, que je dis !

— Vous devriez bien plutôt, père Francelin, me laisser avancer à la porte, parce que ces carreaux sont si verts, il me semble voir ma pauvre Flore comme dans son cercueil.

— Ta pauvre Flore, fils d'assassin, petit-fils de voleur et d'assassin ! veux-tu t'enfuir !

Fidéri secoua nonchalamment la tête. Le vieux

paysan courut à la cheminée, grimpa sur un escabeau et détacha son fusil, qu'il s'était habitué à regarder, pendant tant d'années qu'il avait été garde-bois, comme son aide et son protecteur en toute circonstance. Puis, avec un mélange de sang-froid et d'activité fébrile, il ôta la charge de plomb qui s'y trouvait et la remplaça par une balle.

Le jeune homme avait profité de l'éloignement de Francelin pour monter sur le premier degré de la porte, et là, d'un air triste et heureux tout à la fois, il dévorait sa fiancée du regard.

— Ah! te voilà sur mon seuil à cette heure! c'est donc que tu le veux. Eh bien! à la malheure! Flore va mourir; elle finie, tout m'est égal, et je veux...

— Et moi donc, si tout m'est égal! fit le garçon en l'interrompant.

— Je vais compter jusqu'à neuf, parce qu'on dit que ça se doit, et puis... Ah! mais, sois tranquille, je ne te tuerai pas, continua le vieillard avec un rire amer, mais je te casserai un bras; tu ne reviendras pas de sitôt, et tu nous laisseras mourir en paix.

Il se mit à compter lentement. Fidéri regardait toujours sa fiancée avec une tranquillité qui exaspérait son adversaire.

— Dis celui que tu veux de bras, cria le vieux

paysan quand il eut compté six ; sept, continua-t-il, huit.

— Dépêche-toi, dit le vieillard en le mettant en joue.

— L'un ou l'autre, ça m'est égal ; mais *assuré*, vous feriez bien mieux de vous tromper, parce que je sais que vous êtes le premier tireur du pays, et d'attraper la tête. Pour ce que je ferai quand Flore sera morte ! Tourner mal, gueuser, courir les cabarets, en attendant que le diable m'emporte ! Mais espérez une seconde. Faut que je vous avertisse d'une chose qui vous ferait peut-être de la peine après. C'est M. Louis qui m'a dit qu'il voulait que je vienne et que je voie Flore.

— Il a dit qu'il voulait ?

— Oui.

— Mais tu me promettras de ne plus revenir ?

— Oui.

— Entre donc, tu as cinq minutes.

Fidéri entra avec un sourire inexprimable. Il s'arrêta à quelques pas du lit. Le vieillard revint s'asseoir près de la planche, son fusil posé à côté de lui, comme s'il voulait mettre encore une barrière infranchissable entre sa fille mourante et le fils de ses ennemis.

Le soleil couchant envoyait un de ses rayons d'or pâle sur l'oreiller ; la jeune fille paraissait à son fiancé plus belle qu'elle n'avait jamais été. La lumière donnait un reflet brillant à ses chevéux que Martecheu n'avait pas voulu laisser couper, de crainte que la pauvre Flore ne ressemblât dans son cercueil à un garçon ; la maladie avait pâli son visage, enlevé le hâle qui le couvrait ; ses traits étaient devenus plus fins, et ses dents, entre ses lèvres ouvertes, paraissaient plus blanches que la fleur de l'aubépine.

— On dirait une Sainte-Vierge de cire, murmura Fidéri.

— Tu as encore deux minutes, dit le vieillard.

Flore s'agita sur son lit, ses lèvres remuèrent, et le jeune homme s'approcha malgré les regards irrités de Francelin. Il se pencha pour saisir quelques-unes des syllabes qui sortaient de ces lèvres bien-aimées ; il lui sembla qu'elles murmuraient son nom.

— Oui, cria-t-il, Fidéri, c'est moi ; me voilà, Flore, regarde-moi !

La jeune fille ouvrit en effet les yeux. Vit-elle ou non son fiancé, c'est ce qu'on ne put dire ; mais un sourire vague sembla voltiger autour de ses paupières entr'ouvertes, et elle murmura d'une voix faible le premier vers de la chanson d'amour qu'elle avait si souvent chantée.

— Oui, s'écria Fidéri ; merci, mon Dieu seigneur, elle m'a bien reconnu.

— Il y a plus de cinq minutes, dit le vieillard en se levant, va-t'en maintenant.

— Encore un tantinet, mon père Francelin : vous voyez, elle m'a reconnu, elle ne mourra pas.

— Morte ou non, c'est tout la même chose pour toi.

Il prit le jeune fermier par le bras, le mena jusqu'à la porte, et là, le poussant avec un élan de colère, il l'envoya du haut du seuil trébucher dans les épines de la haie. Fidéri se releva tranquillement, essuya les gouttelettes du sang qui perlaient sur son front, et s'arrêtant devant la porte :

— Elle ne' mourra pas, que je dis, puisqu'elle m'a reconnu, cria-t-il.

Puis il se sauva et descendit le sentier en bondissant, plein de joie et d'espérance.

A partir de ce jour, il parut y avoir en effet quelque amélioration dans l'état de Flore ; mais cette amélioration était si légère, qu'elle ne donna à personne le moindre espoir. Le médecin n'en augurait rien de bon, et il ne cachait pas à ses amis qu'à moins d'un hasard improbable, la jeune fille ne s'en relèverait pas.

Fidéri retomba donc bientôt dans ses anxiétés,

et il reprit les habitudes qu'il avait interrompues pendant ces quelques jours d'espérance.

A l'heure où il quittait autrefois ses travaux pour descendre à la rencontre de sa fiancée dans l'aulnaie de la rivière, je le voyais venir à ma recherche sur la route du bourg. Il marchait à côté de moi la tête basse, l'air hébété. Le médecin passait tantôt à pied, tantôt à cheval, et me disait quelques mots brefs, presque toujours décourageants. Fidéri écoutait sans remuer les lèvres, les yeux fixes, avec autant d'attention que s'il se fût agi de sa propre sentence. Il me regardait ensuite comme s'il voulait comprendre dans l'expression de mon visage la portée des paroles du médecin. Il me faisait un signe de tête affectueux et triste, et s'en allait à pas lents.

Je le suivais quelquefois, et je le voyais s'asseoir près d'un taillis d'épines noires et de sureau, à mi-côte de la colline sur laquelle était située sa ferme.

De cette place on pouvait suivre tout le cours de la petite rivière jusqu'au moulin, et apercevoir l'extrémité du toit de chaume de la cabane. Il restait là les yeux mouillés de larmes, le regard perdu dans les bandes d'azur qui couronnaient la cheminée de la chaumière. Puis, quand l'*Angelus* sonnait, il se levait. Parfois il considérait d'un air égaré le petit sentier qui serpentait jusqu'à l'aulnaie;

peut-être oubliait-il alors pour un moment la maladie de sa fiancée, et espérait-il la voir descendre comme au temps passé. Mais il secouait bientôt la tête et reprenait le chemin de sa maison.

Je ne lui parlais jamais alors ; je n'étais pas loin de lui pourtant. Plusieurs fois il dut m'entendre écartant les branches et faisant crier sous mes pas les rameaux brisés : tout lui était indifférent, il ne se retournait seulement pas. Il gardait néanmoins encore quelque espérance, et je sus plus tard qu'il n'était pas aussi détaché de la vie qu'avant sa visite à la cabane ; il ne parla jamais plus d'y aller, ne voulant pas affronter la colère de l'irascible vieillard.

Un jour il ne vint pas me trouver, j'oublie ce qui l'en empêcha. J'étais à mon poste habituel, à l'embranchement de la route et du petit sentier par lequel m'avait entraîné le bon M. Hamus, le jour de sa colère contre les Martecheu.

Je rêvais en attendant le médecin, et je me demandais pour la millième fois, depuis ces dernières semaines, ce que c'était donc l'amour, qui jouait un si grand rôle dans la vie de ces quatre personnes. J'étais arrivé à deviner ceci : que c'était une chose folle, puisque cela rendait tout le monde fou ; une chose méchante, puisque tout le monde en était malheureux, les deux vieillards comme les deux jeunes gens ; une chose douce pourtant, puisque Flore, de même que Fidéri, avaient risqué la mort et la folie pour la conserver. Mais quelle était cette chose douce, méchante et folle, je l'avais en vain demandé à tout le monde.

Tout le monde m'avait regardé d'un air étonné et mystérieux. M. Hamus avait pris force tabac, et, après avoir roulé longtemps ses gros yeux d'un air perplexe, il m'avait cité quelques vers dont j'avais retenu deux mots : *amor* et *dirus* ; je savais cela. Le vieux meunier s'était beaucoup gratté le nez, et, après de consciencieux efforts pour être clair, il m'avait raconté combien Jehan de Paris fut joyeux quand il rencontra la fille du roi d'Espagne. Je savais encore cela : *dirus amor*, *dulcis amor*, cruel amour, doux amour ; oui, je savais que Flore se mourait par le cruel amour, et qu'elle avait été dix ans heureuse par le doux amour.

J'interrogeai enfin M. le curé ; il me regarda en souriant et me fit une réponse que je trouvai fort belle :

« Dieu a créé l'homme à son image, me dit-il ; il y a en l'homme une partie de la beauté et de la bonté de Dieu ; l'amour, comme l'amitié ; c'est l'instinct qui porte une créature humaine à chercher dans une autre créature cette partie d'elle qui ressemble à Dieu. »

Je pensai un instant à cette explication, puis je me mis à pleurer. Il me demanda d'un air étonné ce que j'avais, et je lui répliquai avec une sorte de colère contre moi-même. « Je pleurais, lui répondis-je, parce que je ne pouvais comprendre ce qu'il me disait et que je sentais cependant que c'était là la réponse que je voulais. » Il se mit à rire, et je le quittai fort maussade.

Je ruminais toutes ces pensées, sur le bord de mon sentier, la tête entre les mains, lorsqu'un pas rapide qui s'approchait me tira de mes réflexions. C'était le père Francelin qui se rendait au bourg en toute hâte pour chercher quelque médicament urgent.

— Bonjour, monsieur Louis, me dit-il avec un sourire mélancolique.

— Père Francelin, je ne vous dirai pas bonjour.

— Ne pas me dire bonjour, monsieur Louis, pourquoi ça ?

— Parce que je vous déteste.

Le vieillard me regarda d'un air effaré.

— Oui, je ne vous aime plus. Vous êtes un méchant. Vous avez voulu laisser mourir votre fille, ma pauvre Flore, si douce. Allez, vous êtes un méchant.

— Eux aussi, mon Dieu Seigneur ! dit le vieux paysan en joignant les mains ; ça m'est le plus rude coup de tout, Seigneur ! Mais alors qu'est-ce que vous voudriez que je fasse, monsieur Louis, dites ?

— Je ne veux rien dire, puisque je ne veux pas vous parler. Allez-vous-en, ou je m'en irai.

Francelin jeta un regard vers le ciel et continua sa route en soupirant. Il était fort vieilli, fort cassé, le pauvre homme, depuis que je ne l'avais vu.

Peut-être, si j'avais bien considéré sa figure décharnée, ses yeux devenus jaunes, ses paupières rouges et son teint cadavéreux, peut-être ne lui aurais-je pas parlé si rudement. Il ne s'était pas couché depuis la maladie de sa petite-fille, il n'avait jamais dormi une heure tranquillement, et jamais non plus, pendant une heure, il n'avait eu l'esprit calme et le cœur consolé. Il soignait son enfant avec une patience angélique, avec une douceur, une anxiété, un courage qui tenaient du prodige, mais j'étais persuadé, avec tout le village, que, quoi qu'il fît, il était absolument inexcusable d'avoir ainsi cruellement et follement refusé le bonheur à Flore.

CHAPITRE XI

Les préparatifs du procès s'achevaient lentement ; pourtant, quelques jours après ma rencontre avec Francelin, le juge de paix fit venir Pierre Vuidelame. Il l'avertit que l'affaire était grave, et que, le procès une fois entamé, il recevrait probablement des ordres pour commencer à poursuivre au criminel. Il lui rappela l'article 386 du code pénal, qui était applicable à son cas, et qui parlait de réclusion ; puis il le renvoya avec des paroles sévères. Vuidelame fit faire quelques démarches auprès de mon père. Elles n'aboutirent à rien.

Bien des jours s'étaient déjà passés dans des angoisses mortelles, lorsqu'il apprit, avec tout le village, que la bonne constitution de Flore et les soins de Francelin avaient triomphé du mal. Le médecin répondait maintenant de la vie de la jeune fille.

A cette nouvelle, Vuidelame parut prendre une résolution désespérée, et il se dirigea, cette fois sans apparat, vers la cabane. Il avait amené avec lui le fils de son berger, qu'il dépêcha vers Francelin, avec charge de le prier, comme on prie Dieu, de vouloir bien venir lui parler.

Le vieillard vint, on renvoya l'enfant ; et les deux paysans, sur quelques mots dits d'une voix humble par Vuidelame, se dirigèrent vers le bois. Ils disparurent bientôt aux yeux du berger, qui s'était arrêté fort ému de cette solennité.

Que se passa-t-il entre eux ? On ne le sut jamais exactement. Au bout d'une demi-heure, Pierre sortit du bois comme un fou, l'air hagard, la dé— marche vacillante, les mains, la figure, les vête— ments souillés de boue. Le petit paysan, qui s'était caché dans une marnière, crut d'abord que son maître avait tué le père Francelin. Mais il vit celui- ci sortir du bois à son tour et regagner sa cabane avec le même pas tranquille et le même air de hauteur qu'il avait en la quittant.

Le lendemain, on apprit que Pierre Vuidelame avait eu, pendant la nuit, une attaque d'apoplexie. Peu de jours après, on sut qu'il n'avait pas suc— combé, mais qu'il restait complètement paralysé de la partie gauche de son corps. Il était, en outre, devenu à peu près idiot, et ne sortait de cet état d'abattement que pour se livrer à des colères, à des blasphèmes, et à des terreurs effroyables.

Il passait depuis quelque temps pour un homme méprisable, on le considéra dès lors comme un homme ruiné. Il avait perdu les trois quarts de sa récolte, que le manque de vigilance avait empêché de rentrer en temps utile ; les nouveaux domestiques, abandonnés à eux-mêmes, avaient laisser périr les bestiaux : on savait tout cela ; puis le bruit du procès commençait à se répandre, et l'on supputait les grandes sommes d'argent qu'il serait obligé de dépenser pour en couvrir les frais ; bref, on le voyait, sous peu de temps, réduit à la mendicité.

Il y avait là une singulière exagération, et Pierre Vuidelame était encore un des plus riches cultivateurs du canton ; mais la persuasion de la misère prochaine gagna Fidéri lui-même, et l'empêcha de se réjouir de la santé de son amie.

Il n'avait jamais compté que sur sa richesse pour vaincre, un jour ou l'autre, la mauvaise volonté de Martecheu ; maintenant il était pauvre, ses voisins devenaient de plus en plus froids à son égard ; et, quoique tout le monde le sût innocent, tout le monde pourtant faisait retomber sur lui le poids des fautes de son père. Il le voyait, et se désespéra plus qu'il n'avait jamais fait.

Un jour, de grand matin, il vint aux Champs-Greslins demander à me parler. Je dormais du plus profond sommeil; mais, sur ses instances pressantes, on me réveilla et on le fit entrer. Quand je fus parvenu à me tenir les yeux un peu ouverts, je vis que le jeune homme était en costume de voyage et portait un petit paquet sous son bras.

— Qu'est-ce qu'il y a donc, Fidéri?

— Il y a que je suis venu vous dire adieu, monsieur Louis, et encore un brin de paroles avant.

— Comment, adieu? Mais je ne pars pas encore.

— C'est moi qui m'en vas, sauf votre respect, monsieur Louis. Laissez-moi vous dire le fin mot, si c'était un effet de votre bonté de m'écouter tranquillement. Le fin mot, c'est que je ne puis plus vivre; me voilà quasi mendiant, et bientôt montré au doigt dans le pays comme le fils de mon père. Je ne vous en veux pas, monsieur Louis; ah! mon Dieu non; votre père a attendu bien longtemps et par bonté, quoiqu'on lui eût pris son bien, et je crois qu'il a dû être fâché des choses que Pierre Vuidelame a faites contre Flore. Mais, pauvre et honteux comme me voilà, le père Martecheu aura bien raison de ne pas vouloir de moi quand il n'en a pas voulu malgré tout, et M. le curé, et la mort de sa fille; et pourtant j'étais riche et le plus estimable garçon du pays. Je peux dire ça maintenant que ce n'est plus.

Pour lors, la ferme n'est plus tenable ; car mon père, c'est un enfer. Je le dis sans vouloir lui manquer de respect, parce que c'est la maladie qui l'a rendu comme ça ; mais c'est au long du jour des paroles, des jurements, des *maudissons* de Dieu et des saints, des rages contre tout le monde, qui font dresser les cheveux sur la tête des gens. Puis, quand je m'approche, avec son bras libre il me bat, il m'injurie et parle contre ma mère, une vraie sainte, pour sûr ; et il dit des choses contre Flore, comme si c'était une gueuse et une fille abandonnée à tout le monde. Dans ces moments-là, il me vient des pensées mauvaises sur lui, et comme c'est mon père, et que les pensées mauvaises viennent plus fortes tous les jours, j'ai dit qu'il fallait partir. Je n'ai plus rien à espérer, et je pourrais faire un mauvais coup dans un moment de malheur.

On a parlé dans nos villages de l'Alger, et qu'on y demande de bons cultivateurs, qui ne craignent pas de faire le coup de fusil. Je n'ai jamais été un grand chasseur, ni aimé les coups, mais maintenant je me *corbattrais* avec le diable, et je crois qu'en l'Alger il n'y aura pas beaucoup de meilleurs cultivateurs que moi. Après ça, on dit qu'on n'y vit pas longtemps, et c'est encore une chose. J'ai promis à M. le Curé, pour le remercier de sa bonté envers Flore, que je ne me détruirais pas et que je ferais mes devoirs ; sans ça, j'ai souventes fois regardé l'eau qui passe entre les taillis de l'aulnaie. Ça me semblait drôle d'abord, les idées qui me venaient.

— Quelles idées, Fidéri ?

— De m'y noyer, comme je vous disais, monsieur Louis. Puis je m'y suis habitué, à ces idées. Mais quand j'ai su que Flore était guérie, j'ai pensé que ça la tuerait peut-être quand on me repêcherait, parce que ça n'est pas grand comme la mer, notre belle petite rivière, et vous pouvez croire qu'on n'aurait pas eu de mal pour m'y retrouver. Faut dire aussi que je me suis rappelé mon catéchisme, et, pour lors, il n'y avait plus moyen. J'ai pris mes précautions pour que Flore n'apprenne pas sitôt que je suis bien loin du pays, et, quand elle le saura, elle se dira que dans l'Alger on n'est pas perdu pour un toujours ; par ainsi, elle s'habituera doucement à me savoir loin, et, quand je serai mort, ça lui sera moins dur. Vous avez été bon comme un petit ange pour nous, monsieur Louis.

— Veux-tu te taire, Fidéri !

— Oui-da ! il me semblait, quand nous allions au-devant du médecin, que vous étiez comme ce petit morcelet de bleu qu'on aperçoit, au ciel, dans le pied du vent, et qui nous soulage le cœur, à nous cultivateurs, quand on est dans les temps d'orage et que les blés coupés souffrent sur la terre. Je n'ai pas voulu partir sans vous dire un mot d'adieu et vous embrasser, s'il vous plaît, monsieur Louis. Et puis, si le père Martecheu vient à mourir, vous ne laisserez pas Flore dans la mi—sère, n'est-ce pas vrai ?

J'ai remis un petit bout d'écrit à M. le curé ; il y a dedans que, si le père Vuidelame laisse quelques sous à sa mort, c'est pour Flore. Mais je sais bien qu'elle ne voudra pas, si ce n'est pas vous qui le lui donnez. Allons, la route est longue ; je me suis fait renseigner, il y en a pour bien des semaines ; mais c'est le temps où on a besoin de bras partout, et je gagnerai toujours bien mon souper en aidant dans les fermes, où j'arriverai après la journée de marche. Puis j'ai quelques vieux écus que ma mère m'avait donnés il y a bien longtemps ; je les avais gardés pour me faire beau le jour de mes noces : ça servira à payer le chemin sur la mer. Et puis riez donc quelquefois en pensant au temps à venir !

Maintenant voulez-vous m'embrasser, mon bon petit monsieur Louis ? Je vous embrasserai sur les deux joues : il y en aura un pour vous et l'autre pour Flore.

J'avoue que, le sommeil aidant sans doute, j'é-
tais resté un peu hébété ; mais quand Fidéri s'approcha pour m'embrasser, j'éclatai en larmes. Je
pense que le pauvre garçon, malgré son apparente
tranquillité, ne demandait qu'une occasion légère
pour pleurer, lui aussi ; car aussitôt que je lui en
eus donné l'exemple, il se laissa aller à des sanglots bruyants et désespérés.

Nous restâmes quelques minutes dans cet état
d'attendrissement. Puis, poussé par une sorte
d'exaltation fiévreuse dont je ne me rendais pas
bien compte, je sautai hors de mon lit et je m'ha-
billai à la hâte, tandis que Fidéri travaillait de son
mieux à effacer toutes les traces de larmes.

— Veux-tu me promettre une chose, Fidéri?

— Assuré, je le veux bien, monsieur Louis.

— Bon. Il me passe une drôle d'idée. Tu vas
venir avec moi jusqu'au banc de gazon ; là tu t'as-
siéras, tu pleureras, si tu veux, et tu m'attendras ;
mais ne me demande pas ce que je vais faire, je
n'en sais trop rien moi-même. Seulement on dit
toujours qu'il faut suivre ses premières inspira-
tions, et M. Hamus prétend que c'est au matin
qu'on a les idées les plus pures et les plus sages.
Viens.

Je l'entraînai, je le fis asseoir sur le banc de
gazon, en lui rappelant sa promesse de ne pas

bouger jusqu'à mon retour, puis je me dirigeai vers la cabane.

Flore, pâle encore, mais déjà fraîche et les yeux pleins de vie, était assise sous le prunier, respirant l'air frais et chaud d'une matinée d'août. Je m'approchai vivement d'elle, je l'embrassai et lui dis tout bas :

— Voilà le moment de faire une bonne prière, petite Flore.

Elle me regarda avec étonnement, puis rougit.

— Ah ! monsieur Louis, prenez bien garde.

— Bah ! je voudrais bien voir que le père Martecheu me mange ; je n'ai pas peur de son fusil, moi.

Je lui fis un signe de tête amical, et j'entrai dans la chaumière.

Le père Francelin, agenouillé au fond de la pièce, comptait les fioles médicinales et les rangeait dans un panier avec le respect dû à de si petites bouteilles qui avaient contenu des liquides d'une si grande valeur.

— Francelin Martecheu, dis-je d'une voix grave et sonore que je ne me connaissais pas encore et que je fus presque ému d'entendre sortir de mes lèvres.

Le vieux paysan se retourna d'un mouvement brusque, et je reculais d'un pas, tant il me parut pâle et effrayé.

— M. Augustin ! dit-il d'une voix tremblante en fixant sur moi des yeux hagards. Ah ! continua-t-il avec un soupir de soulagement, c'est vous, monsieur Louis. Vous m'avez fait une frayeur de mort ; j'en ai encore une sueur froide tout le long du dos.

Il s'essuya le front d'une main mal assurée.

— Oui, reprit-il avec précipitation ; j'étais là, comme ça. — Si c'était un effet de votre bonté de me permettre de m'asseoir, mes jambes en battent encore la breloque. Ne parlez pas encore, je vous en prie, que je me remette. — J'étais là, comme ça, à visiter toutes ces bouteilles pour tâcher de rendre au pharmacien ce qui reste dedans. Je mettais les vides dans un panier pour en tirer quelques sous, qui me serviraient à payer la note. Attendez, ne vous impatientez pas, monsieur Louis ; laissez-moi vous dire. Et je m'avisais combien peu de chose on avait pour tant d'écus blancs chez les drogueurs. Pour lors, quand vous êtes venu, je ne vous attendais pas, et vous m'avez dit : « Francelin Martecheu. » Jour de la vie vivante ! c'était droitement toute la voix de M. Augustin, votre grand-oncle. Et c'est vrai aussi que, comme vous êtes, dans l'ombre, vous lui ressemblez, oui-dà, à un portrait de sa jeunesse qu'il avait dans sa chambre à coucher, à côté de beaucoup d'autres. Ah ! *m'a-pense*, j'y avais souventes fois songé, à cette res-

semblance, mais jamais ça ne m'avait ému tant_
que maintenant. Ouf! ça me tient encore là comme
par un charme! Seigneur!

— Mon oncle Augustin! Ah! — Et ma voix
occasionna au vieillard un nouveau soubresaut.—
Vous connaissez cela, n'est-ce pas?

J'ôtai vivement ma cravate, je retirai de mon col
une chaînette d'argent, au bout de laquelle était
suspendue une petite croix en bois d'olivier, entourée de cercles d'or.

— Si je connais ça, jour de ma vie! Ah! vous
l'avez donc?Je n'avais jamais osé vous le demander.
C'est moi qui l'ai portée, à vos gens, après... Si je
connais ça! la relique de M. Augustin, qui vient
du mont de Notre-Seigneur, avec un morceau de
sa croix dedans! Ah! laissez-moi la voir encore
avant que mes pauvres yeux deviennent aveugles.

Le vieillard la prit avec une vénération infinie;
puis, pendant que de grosses larmes glissaient le
long de ses joues maigres, il la posa respectueusement sur un escabeau, s'agenouilla, la tête inclinée
jusqu'à terre, et se mit à prier d'une voix entrecoupée.

— Eh bien! lui dis-je en mettant la main sur son
épaule, me refuserez-vous ce que je vous deman-
derai au nom de mon oncle Augustin?

— Moi, vous refuser une chose? Oh! mais, faudrait mieux tous mourir! Dites. — Et il se releva.

— Dites, continua-t-il en levant la main du côté de son pauvre domaine, tout ce que nous avons, le vieil homme et l'enfant, tout est à vous, voyez-vous bien.

— Alors je vous demande de marier votre fille avec Fidéri.

— Vous demandez ça? dit le vieillard en me regardant en face.

— Oui, repris-je d'une voix haute avec un geste impératif, car il me semblait avoir vu dans ses yeux une sorte de défi. Oui, vous me connaissez bien; je veux que vous mariiez Flore Martecheu avec Fidéri Vuidelame.

— Il l'a bien dit, mon Dieu Seigneur! il l'a bien dit. Dites encore ce que vous voulez.

— Non, une fois, c'est assez pour nous.

— Ah! tout le même, tout comme M. Augustin, bon et fier. Mon Seigneur Dieu, voilà le moment que j'attendais. Ils veulent!

Et, me passant la chaîne d'argent autour du cou, après avoir baisé la croix, il me prit dans ses bras, et, malgré mes efforts, me porta avec une agilité inouïe pour son âge jusqu'auprès de Flore.

— Flore, mon enfant, lui dit-il comme hors de lui, il faut que tu te mettes à genoux devant lui; c'est M. Augustin, vois-tu.

— Mais je ne veux pas de tout cela, dis-je en me débattant, je ne veux pas.

— C'est bien, pour lors. Mais toi, Flore, tu peux rire comme une folle, si tu veux, parce que...

— Pourquoi ça, grand-père ?

Mais le vieillard se tut. Il vit quelque rougeur monter aux joues de sa fille ; il parut rentrer en lui-même, se rappeler, pour la première fois, qu'elle était faible encore et qu'une nouvelle comme celle qu'il avait à annoncer pourrait lui faire une trop grande impression.

— Pourquoi ça ? Parce que M. Louis, répondit-il d'une voix calme, veut, comme ça, que je laisse venir jusqu'à ce prunier un jeune homme ; et, comme il veut aussi que tu restes là, — il ne veut pas te déranger, le bon petit monsieur, puis faut bien avoir pitié des malades, — pour lors, on dit que les jeunes filles ont usage de rire quand les jeunes gens s'approchent.

— Oui, attends-moi un instant, ma bonne Flore ; tu vas voir quelqu'un qui ne te déplaira pas, je pense. Mais tu seras sage, et tu ne te laisseras pas aller à une trop grande émotion, n'est-ce pas ? tu me le promets ?

— Puisque grand-père veut que je fasse tout ce que vous voudrez, répliqua la fille avec un sourire joyeux. Est-ce donc possible qu'il le laisse venir ?

J'étais parti en courant. Je trouvai Fidéri à la place où je l'avais laissé, regardant la terre d'un air hébété.

— Allons, lève-toi, et viens avec moi.

— Je veux bien, monsieur Louis. Où allons-nous ?

— Nous allons, — mais toi aussi, tu vas être sage, n'est-ce pas ? nous allons voir Flore ; le père Francelin veut bien que... tu la revoies encore une fois.

Il ne témoigna ni joie ni étonnement. Il se mit en route d'un air préoccupé. Arrivé au milieu de la rue Noire, il s'arrêta.

— Faut mieux que je n'y aille pas. Monsieur Louis, je vous remercie bien, et vous êtes bien bon, mais vous êtes encore un enfant, ; à votre âge c'est permis ; faut mieux pour Flore que je n'y aille pas ; vous saurez ça plus tard.

— Un enfant ? repris-je un instant déconcerté, car le grand rôle que je venais de jouer m'avait complétement surexcité ; oui, un enfant ; mais j'ai fait ce que M. le curé n'aurait pas pu faire, et si tu m'avais vu tout à l'heure, je ne réfléchissais pas à ce que je faisais, mais je n'agissais pas comme un enfant.

— Je le croirais bien, mais vaut mieux tout de même...

— Allons, ne fais pas le sot, et viens ; je t'assure que tout ira bien.

— Vous n'en pouvez rien savoir, à votre âge, monsieur Louis, sauf votre respect.

— Veux-tu venir, grand benêt ! Prends garde de m'ennuyer. Je te dis que tout ira bien, et que je le sais.

— Je ne voudrais rien vous refuser, monsieur Louis, mais il y a Flore, sa santé, et pour lors…

— Flore t'attend ; et si tu avais vu ses yeux briller quand je lui ai dit que j'allais te chercher !

— Ça, je le croirais bien. Et doncques, si elle m'attend, ça ne sera pas dangereux, je peux bien y aller.

Il continua son chemin, mais plutôt comme un homme qu'on mène en prison que comme un amant qui va voir sa fiancée. Il avait pris une forte résolution, il se savait le courage de la tenir, et il n'était pas sûr d'avoir encore ce courage après avoir vu Flore.

Il posa son petit paquet derrière la haie du jardin, et entra d'un air embarrassé. Il salua gauchement le père Martecheu, puis se tint debout sans desserrer les dents devant la jeune fille.

Celle-ci le regardait d'un air doux et affectueux, sans rougeur, sans embarras. Elle n'avait pas songé à passer la main sur ses cheveux que le vent avait dérangés ; mais à son approche, par un mouvement instinctif, elle avait croisé plus soigneusement son casaquin d'indienne sur sa gorge.

— Bon, dit Francelin ; sais-tu de quoi tu as l'air, Fidéri ? Assuré, d'un canard qui a avalé un hameçon. C'est des drôles d'hommes que les jeunes gens d'aujourd'hui. C'est tout ce que tu as à dire à Flore, quand je te permets de venir lui parler ? Il paraîtrait qu'il te faut avoir un fusil sous le nez pour être amoureux.

— Flore, dit Fidéri, je m'en allais … comme ça … à la ville … pour voir … un bourrelier. C'est pourquoi je suis en habit. Cela étant, j'ai rencontré M. Louis qui m'a dit que le père Francelin voulait bien que je vienne jusqu'ici, en passant, comme on dit. Et alors, maintenant que je vois que tout va bien, je m'en vas, parce que le bourrelier …

— Mon pauvre Fidéri, dit Flore avec son doux regard, je suis bien contente de te voir. Dame, je croyais bien que je ne te reverrais que dans l'autre monde ; mais à cette heure, j'espère bien que ce ne sera pas la dernière fois.

— Et moi, Flore, je … je veux dire ; je suis bien content, et j'espère que …

— Allons, dit Francelin, c'est assez pour une fois.

Il prit Fidéri par le bras et l'emmena hors du jardinet.

— Tiens ! qu'est-ce que c'est que ce paquet-là ?

— C'est à moi, père Martecheu.

— Tu t'en vas donc en voyage ? dit celui-ci en fronçant le sourcil.

— Oui, père Martecheu, et à vos ordres, si vous avez des commissions.

— Et où crois-tu bien, comme ça, que tu veux aller ?

— Dans l'Alger.

— Dans l'Alger ! C'est loin, ça ? Et quand est-ce qu'on en revient ?

— On y va quand on ne veut pas en revenir, répondit le jeune homme d'un ton calme.

— Ah ! tu pourrais bien aller en Alger et au diable vert, ce n'est pas moi qui t'aurais été repêcher. Mais il a dit : « Je veux. » C'était à lui à le dire, et il fallait ça. Moi, je t'aime tout de même. Puis, ce n'est pas moi que ça regarde ; elle te veut, et dès lors que tout était fini, je n'avais plus rien à dire.

— Père Francelin, je vous demande excuse, mais faut vous dire que je suis devenu comme ahuri, et je ne comprends rien à ce que vous jargonnez. C'est comme des paroles de sort et de sorcier.

— Tu n'as pas besoin de comprendre, mais tant y a que dans un mois tu te marieras avec Flore.

— Père Francelin, voyez-vous, vous êtes un vieil homme, et le grand-père de Flore ; je ne veux pas rien vous dire, mais faut pas non plus....

— Hein ?

— Non, pour sûr, j'aimerais mieux que vous alliez chercher votre fusil...

— Il n'y a pas de fusil, grand nigaud ; tu es encore un fameux badaud pour ton âge ; mais le mariage, ça *délure* les jeunes gens.

— Père Francelin, reprit Fidéri en lui secouant le bras violemment, voyez-vous, j'ai la tête perdue de tout ce qui est arrivé depuis un mois ; je ne vois clair à rien de rien, et je vis comme un homme qui recevrait tous les matins, en se levant, un coup de maillet sur le front ; mais il y a des moments où il me passe de mauvaises idées dans la tête. Pour lors, ne m'agacez pas. Si vous voulez me dire un mot de vérité et de bonté avant que je m'en aille, dites-le, c'est bon...

— Je me fiche bien de toi et de t'agacer, Fidéri Vuidelame.

— C'est bon, que je dis, mais qu'est-ce que vous me jargonniez tout à l'heure ? Ne parliez-vous pas de mariage ? Allons, père Francelin, je vous dis que j'ai la tête perdue. Vous avez été un solide garde-bois dans les temps, et un bon cultivateur, sur votre foi de garde-bois et vieux cultivateur, dites-moi bonnement ce que vous voulez.

— C'est vrai qu'il est tourné en bourrique, le pauvre diable, mais le mariage le remettra. Eh bien, foi de garde-bois de M. Augustin d'Authy, je te dis que sur la volonté du jeune M. Louis, le neveu de mon ancien seigneur, je veux que tu épouses Flore d'ici à un mois, et faut que ce soit, quand le diable s'en mêlerait.

Fidéri, dont les yeux se dilatèrent et dont la poitrine battait à grand bruit, regardait son interlocuteur d'un air encore méfiant.

— Foi de vieux cultivateur ?

— Foi de vieux cultivateur. Ah ça, mais hésiterais-tu ? Jour de ma vie ! je ne te manquerais pas, nom d'un...

— Ah ! s'écria Fidéri en jetant son sac et son chapeau dans la haie et en sautant au cou du vieillard, on a bien raison de dire que vous êtes un vieux fou.

Et le faisant tourner comme une toupie il dégagea l'entrée du jardin et s'y précipita ; il se jeta sur Flore en lui criant :

— Flore ! Flore ! dans un mois, Flore, nous serons mariés.

Il ouvrit ses bras comme pour l'embrasser. Je me jetai sur lui, et le tirant par l'habit :

— Veux-tu te taire, grand imbécile ? lui dis-je ; u vois bien, tu vas la tuer.

— Non, monsieur Louis, dit Flore en se dégageant et en prenant mon front qu'elle embrassa à diverses reprises, non, le cœur a commencé par me manquer ; mais il m'a embrassée, et ça m'a fait revenir le sang à la poitrine ; c'est la première fois qu'il m'embrasse d'amour, et...

Elle s'arrêta en rougissant du regard étonné et inquisiteur que je lui lançais.

— Me diras-tu alors ce que c'est que l'amour, bonne Flore ?

— Oui-da, c'est le bonheur qu'on a quand on va se marier.

Je secouai la tête.

Le lendemain, Francelin Martecheu tira d'un paquet, caché sous sa paille, des souliers à boucle de cuivre, des bas de cotons bleus à côtes, des culottes de gros drap, couleur pain d'épice, un gilet à fleurs vertes, un habit du même drap que la culotte, et il s'habilla avec coquetterie. Puis escorté de M. le curé, du maire et de moi, suivi à quelque distance par une partie notable du village, il monta jusqu'à la ferme de Vuidelame, afin de lui faire chrétiennement réparation, en allant, contre les usages, demander son consentement au mariage.

Ce fut une scène touchante et effroyable tout à la fois. Bref, Pierre Vuidelame, sur la promesse qu'on cesserait le procès, accorda tout ce qu'on voulut.

A un mois de là, M. le curé Secart maria les deux jeunes gens. Quelques jours après, je demandai encore à Flore ce que c'était que l'amour.

— C'est le bonheur qu'on a quand on est marié, me répondit-elle.

Je la regardai ; elle avait les yeux si doux et si riants, avec une expression de visage si calme et un si heureux sourire sur les lèvres, que, cette fois-ci, je ne secouai plus la tête, et je me promis de me marier un jour.

CHAPITRE XII.

Flore et Fidéri allèrent s'installer à la ferme de
Pierre Vuidelame, et la remirent dans un état prospère. Quant au père Martecheu, sur les instances
de ses enfants, il alla prendre la direction de la
Verte-Voie.

Pierre Vuidelame ne tarda pas à exercer la patience de la jeune femme ; il l'accabla d'injures et
de malédictions, jusqu'à ce qu'une seconde attaque
vînt lui enlever la faculté de montrer sa haine
autrement que par des regards farouches. Un an
après, il succomba à une troisième attaque. Flore
accoucha d'une petite fille contrefaite et épileptique
que les convulsions emportèrent au bout de quelques semaines.

Le père Martecheu dit que tout était bien ; c'é-
tait ainsi que Pierre devait mourir par la justice de
Dieu ; c'étaient ses fureurs continuelles qui avaient

poursuivi l'enfant jusque dans le sein de sa mère.
Il espérait maintenant que la colère du Seigneur
était apaisée. Il exigeait pourtant que sa fille quittât
la ferme de la colline, que son mari en vendît tout
le mobilier pour en distribuer le produit aux
pauvres gens, et qu'ils vinssent habiter la Verte-
Voie. Ils y trouveraient un excellent domaine qui
ne tarderait pas à leur rendre l'argent qu'ils
auraient ainsi distribué en aumônes.

Il était devenu plus vigoureux, plus obstiné, plus
ferme que jamais ; on céda à cette nouvelle bizarrerie. Il remit le gouvernement de la Verte-Voie à
son gendre, et revint dans sa cabane tenir compagnie à son vieux coq et à son vieux fusil.

Six mois après ce retour, — c'était, je me le rappelle bien, le lendemain de Pâques, — mon père
reçut un message du vieillard ; on le priait respectueusement, mais instamment, de me permettre de
venir passer la journée du dimanche de Quasimodo
à la cabane du Val-du-Moulin. Le père Martecheu
assura qu'il avait à me faire une communication
importante. Mon père ne voulut pas lui refuser
cette faveur.

Le vieux paysan me reçut avec un mélange singulier de respect et de tendresse. Il me servit à
dîner sans vouloir s'asseoir à mes côtés, malgré
toutes mes instances.

Après le repas, je vis entrer, non sans un grand étonnement, le digne M. Hamus, le meunier blanc, notre fermier des Champs-Greslins, puis le bonhomme Pierre-Louis-Marie Catoire, accompagné d'un vieillard qui habitait le voisinage de la Verte-Voie, enfin deux des plus anciens cultivateurs du canton.

Ces braves gens me saluèrent affectueusement, et demandèrent à Francelin la raison de cette convocation mystérieuse qu'il leur avait fait parvenir. Le bonhomme leur assura qu'il était utile qu'ils fussent venus; il regrettait seulement que M. le curé fût trop malade pour avoir pu se joindre à eux, mais il avait été lui conter cette affaire la veille.

— Car faut vous dire, monsieur Louis, continuat-il, et vous, monsieur Hamus; toi, blanc meunier; toi, monsieur le maire; toi, Pierre-Louis-Marie, et vous autres trois, qui êtes les plus anciens, les plus sages hommes de ce pays, faut donc vous dire que le moment est venu de vous raconter toute mon histoire. Je vous ai appelés parce que les uns ont eu à se plaindre de la folie, de la fierté du père Francelin, ainsi qu'on disait; parce que les autres, étant mes amis et mes voisins de jeunesse, pourront dire si je mens, et puis, parce que je vous estime tous.

Vous pourrez voir si j'ai eu raison, et le répéter

par le pays où personne ne vous démentira, étant les plus sages. Vous direz : « Francelin Martecheu a bien agi, comme ça se devait, quoique ce fût difficile, » et un chacun dira après vous : » Francelin n'est pas un vieux fou ; il a bien agi selon son vœu, son devoir, et la sagesse et la religion. »

Je vais vous parler de vos gens, monsieur Louis, de nos anciens seigneurs ; c'est pour ça que j'ai voulu vous avoir et que vous m'approuviez. Vous êtes bon, et vous avez une bonne idée des choses, malgré votre jeunesse.

C'est une longue histoire, voisins ; il ne faut pas être bien malin pour s'en douter. Par ainsi, vous passerez ici toute la journée, et je vous demande de me laisser parler à la grâce de Dieu, sans m'interrompre. Je ne sais pas en conter comme ces gens des villes qui en font leur métier, et, si on me coupe, je ne sais pas comment je me rattraperai. Frappez là tous dans ma main que vous m'écouterez, foi d'honnêtes paysans.

Vous, monsieur Hamus, vous êtes un brave homme, puis vous avez votre tabatière. D'ailleurs, ça devra vous reposer d'entendre parler en français par un chrétien ; car je ne sais pas comment on peut tenir à lire toute la journée des choses qu'on n'entend jamais revenir à ses oreilles. Vous, monsieur Louis, vous voilà déjà grandelet, vous serez réjoui d'entendre les histoires du temps passé ; c'est dans le sang des seigneurs.

Les voisins frappèrent dans la main qu'il leur tendit ; le bon M. Hamus, après une grimace de protestation en faveur du latin, jura qu'il serait muet, et moi j'envoyai au vieillard un sourire amical qui lui ouvrit le cœur.

— Pour lors, vous savez tous ce que c'est que les d'Authy, bons et braves seigneurs, et aumôniers, et bien parlant à un chacun, depuis des centaines d'années. Tu sais, toi, Pierre-Louis-Marie, que mon père fut soldat au régiment de Picardie, où messire, comme on disait, François d'Authy, était capitaine. Ils firent ensemble des guerres dans l'Allemagne, et la compagnie de M. d'Authy y resta presque tout entière, le capitaine et les soldats. Mon père, qui revint, lui, fort blessé, en pleura tout le restant de sa vie, parce qu'il dit que ç'avait été à côté de lui, presque pour lui, que messire avait été tué.

Moi, j'étais élevé avec le fils aîné de M. d'Authy, avec M. Augustin, comme on l'appelait. C'était un jeune homme à se mettre à genoux devant pour sa bonté, son honnêteté, la douceur et la hauteur de ses sentiments, et tout enfin. Aussi je l'aimais pour tout ça comme jamais je n'ai aimé ni femme, ni enfant, ni rien. Il me le rendait bien ; nous étions, quoique lui seigneur et moi paysan, comme deux compères. C'est lui qui me fit faire garde-bois, et surtout qui me fit marier avec ta cousine, Pierre-Louis-Marie. Nous nous aimions bien fort, mais ses parents ne voulaient pas du mariage, car vous autres Cathoire, vous étiez de vieux cultivateurs, et riches, et fiers, et j'étais, de moi, un pauvre diable.

Là-dessus la Révolution arriva. Nous fûmes tranquilles pour un temps ; il n'y avait pas trop de coquins dans le bourg, et les garde-bois avaient juré qu'ils mettraient les fusils de la partie si on ne laissait pas un chacun tranquille. C'est alors qu'il vint du pays de là-haut, de loin de chez nous, de la ville d'Arras à ce qu'on disait, un méchant savetier maudit qu'on appelait Mathieu. Quand je me le rappelle, voyez-vous, et tout le mal qu'il a fait dans le pays, et surtout... oui, jour de la vie, j'ai le sang qui me monte dans la tête comme si je n'avais que vingt-cinq ans. Il me semble que j'aurais eu du plaisir à le couper en petits morceaux, et encore, et encore. Et dire que je l'ai tenu trois fois au bout de ce fusil-là ! Mais M. le curé de Ricault, qui mourait sur la paille, caché dans une étable à vache, m'avait fait promettre... C'était un oncle de M. Augustin. D'ailleurs, il m'avait assuré que c'était le dernier mot dit par M. Augustin, quand ces brigands l'ont emmené. Tonnerre ! Il y a eu des mo=

ments où je ne pouvais pas ! il me fallait prendre mon fusil en grinçant des dents.

Puis, quand j'avais fait cinquante pas dans les champs, là sur le plateau, je ne pouvais tourner les yeux ni en amont ni en aval, ni à droite ni à gauche, sans voir un clocher d'église ; pour lors... Mais pardon, voisins, vous allez dire que je bats la breloque ; voilà que je reviens et que je reprends le fil de mon histoire.

Le vieillard en était là quand la porte s'ouvrit doucement. On vit paraître la longue et pâle figure du bon M. Secart. Tout le monde se leva. Il fit un signe de la main en envoyant à l'assemblée un doux et mélancolique sourire ; il se traîna avec peine jusqu'à la chaise la plus voisine et s'y laissa tomber lourdement.

Il resta un instant sans pouvoir articuler une parole ; chacun des paysans détournait tristement les yeux. Pour moi, qui ne l'avais pas vu depuis six mois, je le trouvai si étrangement changé, que mes yeux se remplirent de larmes quand ils s'arrêtèrent sur lui. Il semblait être arrivé au dernier degré de la pâleur, de la faiblesse et de la maigreur. Ses pommettes saillantes, ses yeux dilatés et brillants, ses lèvres affreusement blêmes, tout me disait que je ne le reverrais peut-être plus. Mes yeux humides le touchèrent sans doute, car il me fit un signe de la main : je m'approchai, il me baisa au front en me disant d'une voix faible :

— Je ne suis pas à plaindre, mon cher enfant...

Une toux légère l'interrompit, et il acheva sa phrase par un de ces doux et résignés sourires qui me serraient si étrangement le cœur.

Au bout de quelques instants il fit un nouveau signe de main, mais personne ne voulut s'asseoir.

— Je suis venu jusqu'ici, Francelin, dit-il, et je remercie Dieu d'avoir pu arriver, je suis venu pour vous prier, mon ami, de ne pas raconter ces histoires de haine et de vengeance.

Le vieillard fronça les sourcils, se mordit les lèvres, et ne souffla mot. Puis, sur un regard insistant et interrogateur du prêtre, il répondit avec quelque embarras :

— Je suis bien triste de ne pouvoir faire ça pour vous, monsieur le curé, mais c'est impossible, vous le savez bien.

— Impossible d'être charitable, de pardonner complétement à vos ennemis, de les laisser en paix dans leur maison ou dans leur tombe ? Impossible d'abandonner le jugement au souverain juge, et de vous faire un ami de ce juge devant qui vous allez bientôt comparaître ?

— Oui, çà serait bien, je ne veux pas vous démentir, monsieur le curé ; vous savez toutes ces choses-là mieux que moi. Mais j'ai passé pour un fou toute ma vie ; tant pis pour ceux qui ont mal fait.

— Et quand Dieu vous dira, à vous aussi : « Tant pis pour ceux qui ont mal fait, » que lui répondrez-vous, vous qui ne voulez pas pardonner ? D'ailleurs, ne craignez rien pour votre réputation. Vous me connaissez, mes amis, continua-t-il en se retournant vers cette réunion de vieillards, et vous savez si je voudrais souiller mes lèvres par le mensonge. Je connais toute cette histoire, et je vous dis que Francelin Martecheu a agi avec sagesse, prudence et fermeté dans les affaires où il a été le plus mal compris. Me croyez-vous ?

— Nous vous croyons, monsieur le curé, dit le meunier blanc ; nous le dirons comme vous nous le dites, et personne ne nous répondra : « Vous mentez. »

— Il a bien parlé, le blanc meunier, dirent en chœur les autres vieillards.

— N'importe, reprit Francelin, moi, c'est bon ; mais il faut que tout soit clair à cause de Flore, afin qu'on ne vienne pas lui dire un jour que vous avez été trompé et que son grand'père était un vieux chaudron fêlé.

M. Secart se leva alors, et prenant Francelin par

le bras il l'emmena dans un coin de la cabane.

— Mais, maladroit, lui dit-il, ne voyez-vous pas que c'est pour vos petits-enfants que je parle? Ne seront-ils pas les enfants de Fidéri, les petits-enfants de Pierre Vuidelame, les arrière-petits-fils de Mathieu? Voulez-vous donc les couvrir de honte et d'infamie à tout jamais?

— C'est vrai ça, dit le vieillard, je n'y avais pas pensé; c'est une idée que je ne peux pas me mettre dans la cervelle. Eh bien! arrive qui plante! tant pis pour le sang de Mathieu, continua-t-il avec une énergie étrange; mais M. Louis m'a dit une fois que j'étais un méchant. Monsieur le curé, je vous demande bien pardon, mais il faut que je dise tout haut, pour lui, les raisons de ma conduite.

— C'est votre dernier mot, Francelin.

— Oui, monsieur le curé, dit celui-ci d'une voix ferme, mais en détournant la tête.

— Soit donc. C'est un enfant sage et discret pour son âge, je vais tout lui dire. Mais vous, continua le prêtre avec autorité, n'en ouvrez jamais les lèvres. Offrez ce sacrifice au Dieu de miséricorde, et pensez que vous avez déjà un pied hors de ce monde dont toute l'estime ne vaut pas le plus léger acte de vertu.

Le vieillard, à bout d'argument, fit un signe muet d'assentiment; le prêtre me prit la main, salua les assistants, et nous sortîmes ensemble de la cabane.

Au bout d'une demi-heure, je rentrai en courant.

— Ah ! bon père Francclin, dis-je en lui sautant au cou, combien je regrette d'avoir dit que vous étiez méchant? C'est à cause de nous que vous faisiez tout cela ! J'étais bien méchant moi-même, quand vous, vous étiez si bon.

Oui, je voudrais que vous n'ayez que vingt ans, pour vous aimer comme mon oncle Augustin vous aimait. Mais moi, je les aurai un jour les vingt ans, et soyez tranquille, allez, Flore peut bien avoir, oui, quinze enfants, si elle veut, ils ne manqueront jamais de rien aussi longtemps que je vivrai. Ah ! repris-je en pleurant, comme c'était bien à vous de ne pas vouloir être ami avec ceux qui nous avaient fait tant de mal ! Et moi qui ai dit un jour que vous étiez un vieux fou ! Comment pourrai-je faire pour qu'on l'oublie ?

Là-dessus mes sanglots redoublèrent, et le vieux paysan touché, lui aussi, jusqu'aux larmes, me prit dans ses bras ; il me serra avec une étreinte si convulsive que je poussai un léger cri. Il me reposa à terre, et prenant mes deux mains, qu'il joignit dans les siennes :

— Mon Dieu Seigneur, dit-il, je ne vous ai jamais demandé autant que ça. Je ne croyais pas que ce jour arriverait jamais. Je voyais toujours M. l'abbé de Ricault mourant sur un fumier, et je songeais toujours à mon pauvre M. Augustin, qu'ils avaient emmené quand je n'étais pas là pour en tuer quelques-uns. J'avais les mains liées par mon vœu ; je les voyais tous devenir riches et heureux ; je me disais souvent : « Qu'est-ce qu'il fait donc le bon Dieu dans son paradis ? Est-ce qu'il ne voit pas que les assassins et les voleurs deviennent fiers, qu'on oublie leurs crimes et qu'on les estime ? » Il me semblait que j'étais tout seul à me souvenir. J'avais envie alors de faire comme je croyais que le bon Dieu devait faire, de les haïr, de les tourmenter, de les tuer. Je vous en demande pardon, mon Dieu Seigneur ; je vois bien que vous ne m'avez pas oublié. J'étais bien triste, dans les temps, de ne pouvoir faire du mal à Mathieu. Maintenant, je suis bien content de ne lui en avoir jamais fait. Oui, je voudrais que Pierre Vuidelame soit là, pour sûr je l'embrasserais. Vous avez été comme un petit ange, monsieur Louis, et quand je pense que vous pleurez pour avoir dit que j'étais un vieux fou, ah ! Seigneur, c'est trop doux !

Le vieillard abaissa encore une fois ses lèvres sur mon front, que je sentis bientôt tout mouillé de ses larmes. Je relevai la tête, je l'embrassai sur les deux joues, et lui souriant du meilleur de mon cœur :

— Il faut que j'aille retrouver M. le curé, lui dis-je tout bas, il ne pourrait jamais rejoindre son presbytère sans moi.

Puis faisant la moue au meunier blanc, qui me regardait d'un air un peu goguenard, je me sauvai en courant comme j'étais entré.

Le lendemain matin, M. Hamus vint me faire un long discours sur la vertu de discrétion. Il établit que cette vertu était si haute, qu'on n'y devait jamais manquer, *exceptis excipiendis*, excepté en faveur de trois personnes, le père, le confesseur, le précepteur. Il conclut en me demandant les détails que m'avait confiés M. Secart. Mais j'avais solennellement promis de n'en pas parler, sitôt du moins ; je niai vivement la nécessité de l'indiscrétion en faveur du précepteur. Il me semblait, du reste, qu'il eût dû deviner toute l'histoire, par des lambeaux de phrases que l'émotion avait arrachés à Francelin.

Il ne me paraissait pas difficile de comprendre que Pierre Vuidelame était le fils et le complice de Mathieu ; que celui-ci, après avoir dénoncé et fait guillotiner mon oncle Augustin, après avoir dépouillé et laissé pour mort notre oncle, le curé de Zotinghem, s'était enrichi en exerçant fructueusement le rôle de terroriste de bourgade. Pierre avait quitté le pays après la mort de son père. Il y était revenu vingt ans plus tard. Il avait changé de nom. Nul, excepté Francelin, n'avait reconnu l'enfant pervers de Mathieu dans le grave et riche fermier.

Le père Martecheu avait fait au lit de mort de M. l'abbé de Ricault la promesse solennelle de ne jamais chercher à nuire aux descendants de Mathieu, de ne jamais révéler les crimes de celui-ci avant la mort de son fils Pierre.

Toute la conduite du vieillard s'expliquait par ces élans de haine énergique, que la charité chrétienne et la foi jurée empêchaient souvent de traduire en actes, mais sans pouvoir jamais la déraciner. Il n'avait rien moins fallu que l'ordre de l'enfant en qui il voyait le représentant de son maître chéri, Augustin d'Authy, pour décider le vieux paysan à donner sa fille à Fidéri, bon et estimable enfant d'une race, à ses yeux, maudite et infâme.

Dix ans après ces événements, le père Francelin vivait encore. M. Hamus avait perdu sa femme et trouvé quelques élèves. Il était heureux. Il venait souvent dîner chez mon père, pour avoir une occasion de parler de M. Louis, dit-il. Il annonçait généralement, après boire, que je suis l'honneur de ses cheveux blancs.

Flore et Fidéri ont plus d'enfants qu'on n'en

rencontre à la fin des romans dégénérés de ce temps-ci. Le meunier blanc a ajouté sournoisement deux pieds de plus à la taille de Charlemagne. Cette nouveauté, qui humilie la redingote grise du petit Caporal, a mis quelque froid entre ce meunier et son compère Louis-Marie Cathoire.

Les vieilles mœurs s'en vont du reste, et quand je retourne aux Champs-Greslins, je vois que les vieillards seuls n'ont pas changé : je ne retrouve plus leur entourage d'autrefois.

FIN D'UN PAYSAN DE L'ANCIEN RÉGIME.

UN

BACHELIER DE SORBONNE

17.

A M. ERNEST PRAROND

—❦—

N'attendez de moi aujourd'hui, mon cher poëte, ni roman, ni fiction, ni drame, ni philosophie. Je viens d'apprendre la mort de l'abbé d'Escault, le dernier des abbés du dix-huitième siècle, le dernier des bacheliers de la Maison de Sorbonne, et le plus original des savants. Je veux parler de lui doucement et paresseusement, en demandant avec mansuétude à ma mémoire quelques-uns des traits qui m'ont surtout frappé dans la vie de cet original.

Nous causons. Vous voyez la scène : nous sommes dans le bon pays picard, au temps d'hiver ; le soir tombe ; le vilain temps nous a empêchés d'aller entendre la belle musique des chiens de meute dans le bois l'Abbé, dans le bois du Roi ou le bosquet des Moines. Le feu flambe vaillamment dans la grande cheminée, et cela est doux, car le pétillement des étincelles donne des idées aux plus lourds ; le vent siffle avec rage dans les volets fermés de nos *belles voisines*, il jette furieusement les raffales de grosse pluie contre nos fenêtres, et cela est doux encore, car rien ne tient l'esprit joyeusement éveillé comme la pensée que notre meilleur ami reçoit cette averse dans une longue plaine privée de tout abri.

Pierre vient de raconter par quels sentiers fleuris on entrait jadis au pays de Tendre, et Paul s'apprête à nous dire comment on en sort aujourd'hui. Jacques se met à chanter les louanges du bon chien Tambour, fils de Tambour le vieux et descendant du fameux Sans-Culotte, qui florissait en l'an V° de la République. Jean tousse, chacun tremble ; en effet, Jean commence à redire la réponse qu'il fit, au Conseil général, à M. le préfet, lorsqu'on posa la question des prairies artificielles. La maîtresse de céans me jette un regard désolé ; et

je lui coupe l'herbe sous le pied, à l'ami Jean,
cela s'entend, et je monte à la tribune pour
l'honneur des dames et de la morale.

Oui, pour l'honneur des dames, car la dame
de céans se débattait du mieux qu'elle pouvait
contre la cinquantaine, et elle détestait qu'on
parlât si souvent des choses artificielles ! Pour
la morale, vraiment j'y songeais : je veux apprendre à mes contemporains qu'il ne faut pas
s'abandonner à ses passions, en leur apprenant
que l'abbé d'Escault mourut à quatre-vingt-dix-
sept ans de l'ennui d'ouïr qu'on l'accusait de
ne pas savoir le latin. De fait, c'était un gros
mensonge, car l'abbé savait toutes les langues,
excepté la française, qu'il avait bien sue jadis,
mais qu'il avait un peu sacrifiée à la chaldéenne.

Écoutez-moi patiemment; ne grondez pas
trop ma mémoire, si vous lui voyez quelque désir de faire l'école buissonnière. Je vous ap-
prendrai bien des choses que vous ne savez pas,
sur les Franc d'Escault, sur la géographie, sur
le dix-huitième siècle, sur Quentowic, sur la
maison Sorbonne, sur la cuisinière Louison,

sur les malices du latin, sur l'abbé d'Escault, que vous avez déjà entrevu dans les Mémoires de mon oncle et qui était le type excellent du Commentateur.

Ce souriant bavardage n'est pas destiné à plaire à la société des Économistes français ; je suis incapable de répondre à ceux qui me demanderont, après m'avoir lu : « Qu'est-ce que cela prouve ? » et j'écris seulement pour les honnêtes gens d'esprit qui aiment les choses d'autrefois. Vous devinez maintenant, mon cher ami, pourquoi je vous envoie ce récit.

UN
BACHELIER DE SORBONNE

I

DES FRANC D'ESCAULT ET DE LA NOBLESSE PROVINCIALE.

La famille des Franc d'Escault est une de celles
que les douairières de province, passionnées pour
l'art héraldique, appellent familles de race pure;
phrase extrêmement malsonnante pour les oreilles
des agents de change de ce temps-ci, et par laquelle les vieilles dames entendaient que les Franc
d'Escault n'avaient jamais épousé des filles de
financier. Ils étaient dans le pays du Franc, entre
Bergues et Dunkerque, depuis des siècles; nul de

leurs ennemis n'eût pu contester la date de leur établissement, si ancienne qu'il leur eût plu de l'indiquer.

Bons gentilshommes, mais peu aventureux, ils n'avaient jamais pris les armes que dans les guerres civiles, quand il fallait défendre le foyer domestique. Race calme, sang tranquille, gens de bon sens, d'une droiture et d'une probité à toute épreuve, fermes sans bruit, point spirituels ni brillants, respectant un peu nuageusement le roi de France, ils se rappelaient qu'avant les Bourbons il y avait eu des Valois, avant ceux-ci des princes à qui les vrais seigneurs des Franc d'Escault, les ducs de Bourgogne, avaient fait rude guerre ; et frondant furieusement les Pompadours de tous les règnes, ils restaient fort portés à penser que Henri IV était un petit compagnon, un Escault parvenu. Fiers comme des Espagnols, bienveillants comme des patriarches ; médiocres en rang et parlant avec dédain des ancêtres des ducs et pairs ; médiocres en fortune et méprisant leurs voisins les gros échevins du Franc de Bruges : médiocres en intelligence, mais toujours réfléchis et respectés, on les retrouvait dans tous les actes de la province, presque au dernier rang parfois, mais toujours présents.

Quand les grandes races avaient passé, quand

les illustres familles avaient disparu dans l'obscurité après une brillante carrière, eux étaient demeurés à leur même place, sans que leur nom manquât à une seule des délibérations des États, et sans qu'il y exerçât jamais une influence appréciable.

Sans ambition, sans ardeur et sans vices, ils n'avaient jamais éprouvé ce besoin qui poussait la noblesse française à mettre, selon un mot gracieux de madame de Grignan, du fumier sur ses terres ; et, n'ayant jamais eu à réparer les brèches de la fortune patrimoniale, ils n'avaient jamais été forcés de faire d'hypocrites courbettes aux grandes gens de la marchandise, aux traitants, aux fermiers généraux, aux Crozat, aux Beaujon, aux Samuel Bernard, pour leur demander leurs filles. Ils étaient toujours restés, si je puis dire, dans leur sang, en s'alliant aux familles de la moyenne noblesse du voisinage, et c'est ce qui leur valait cette désignation de « race pure » que leur appliquaient les gens de l'autre monde.

La Providence avait fort visiblement protégé ces sages courtisans de la médiocrité, dans les mille occasions où la prudence humaine ne peut rien, et elle les avait gardés à peu près intacts lors des grandes catastrophes par lesquelles la noblesse française a été, dans les temps modernes, fauchée, broyée, ruinée et renouvelée.

On put craindre un instant, néanmoins, que ces sages personnes ne se laissassent entraîner par l'ambition.

Jusque-là tout leur orgueil s'était satisfait en parlant des alliances de la famille, et tout particulièrement de *nos parents*, les illustres Villiers de l'Isle-Adam. On dissertait parfois aussi sur l'écu, qui portait d'or à quatre lionceaux de gueules, couronnés d'or, lampassés et armés d'argent, ourlé de fer à cheval de sable, supporté de deux aigles, avec la couronne de vicomte et la devise : *Au Franc Diex doint l'onor* (1). Mais l'orgueil était tout intérieur en eux : ils n'avaient jamais recherché nulle place, pas même les hauts grades dans l'armée.

Il y avait toujours quelqu'un du nom qui était capitaine dans les régiments du roi, chevalier de Saint-Louis, lieutenant des maréchaux de France ou lieutenant-colonel des milices. C'était tout. Dans le courant du dix-huitième siècle, on vit avec étonnement un d'Escault à Dunkerque, chef du premier bataillon du régiment d'artillerie de la Fère, dont M. d'Héliot était colonel, et le chevalier de La Domchamp major.

____

(1) « Au Franc que Dieu donne l'honneur et le profit. » *Onor* ne voulait pas dire seulement l'honneur, mais la position honorable avec les bénéfices qni en découlaient, la *dignité* et le *fief* qui y était attaché.

Les vieilles gens de la famille secouèrent la tête
à cette apparence d'ambition. Mais Marc-Louis-
Balthazar, ce d'Escault dégénéré qui osait convoi-
ter une place de colonel d'artillerie, mourut jeune,
et la modestie, la prudence parcimonieuse, la fierté
toute intérieure rétablirent leur empire dans la
race des Franc.

A la fin du dix-huitième siècle, on pouvait dire
d'eux qu'ils étaient les seigneurs les plus connus,
les plus respectés à cinq lieues à la ronde, les plus
inconnus au-delà.

A la cour, où ils eussent bien aisément fait leurs
preuves de 1398 pour monter dans les carrosses
du roi, on les aurait traités avec le plus complet
dédain. On leur eût demandé des nouvelles du roi
Pétaud, et l'on se serait efforcé de leur prouver que
leur petite oie sentait la mode du temps où la reine
Berthe filait.

Ils se gardaient bien d'y aller, du reste; et l'oncle
de notre abbé d'Escault, homme fort en maximes
et assez rude en langage, avait usage de dire qu'en
se mettant sur les épaules et dans les poches toute
la fortune des d'Escault, on en avait pour quinze
jours de courbettes auprès du roi et pour trente ans
de courbettes auprès du bon Dieu. Sur quoi notre
abbé avouait qu'il avait passé bien des jours de sa
vie à chercher si ce dernier membre de phrase signi-

fiait des courbettes à la porte des églises à titre de
mendiant, ou dans un monastère à titre de pénitent.
Admirable parole, à son avis, *in utroque sensu !*

Sans la Révolution, « ces gens-là, ainsi que le
disait la vieille baronne de Rochinghem, fussent
restés comme saints de pierre jusqu'à la consommation des siècles, et le Juif-Errant, à son retour
de Flandre, avant le Jugement dernier, fût demeuré
surpris de les retrouver coqueluchonnés, comme
au temps de Jean-sans-Terre, dans leur chienne
d'économie. »

Cette famille, d'ailleurs, la Révolution l'avait
peu secouée, et, comme à toutes celles de sa position, elle lui avait fait plus de bien que de mal.

Ses propriétés, en restant les mêmes, étaient aujourd'hui beaucoup plus importantes ; de médiocres, les d'Escault étaient devenus riches et influents. En brisant la hiérarchie dans la classe no-
biliaire, la Révolution avait rapproché tous les
nobles, établi l'égalité entre tous les gentilshommes, et amené dans la position de nos Franc
d'Escault le même changement favorable que dans
leur fortune.

Ainsi, par la seule force des événements, ils se
sont vu pousser jusque sur le même rang que les
premiers seigneurs de France. Charles-Jules, le
descendant de celui qui était en 1789 écuyer, sieur

de divers hameaux, et *possesseur de la vicomté* de Staplemunde, est aujourd'hui le vicomte Charles-Jules d'Escault de Staplemunde, et marche fort régulièrement dans la haute société parisienne, à l'égal des descendants des plus illustres familles historiques.

Vous savez que je viens de vous raconter — sans en avoir l'air, n'est-ce pas? — l'histoire de beaucoup de familles de la noblesse provinciale du nord de la France. Ne m'accusez pas d'avoir fait une longue digression, car vraiment mon récit ne se compose que d'une série de digressions, reliées entre elles par un fil extrêmement léger, que je nomme l'abbé d'Escault, et coordonnées par une intention mystérieuse et malicieuse que je laisse à deviner aux habiles.

II

DE LA NAISSANCE DE ROBERT-JEAN-BALTHAZAR ET DE SON ÉDUCATION.

« Jean-François-Balthazar, dernier représentant de la branche aînée des Franc d'Escault, épousa, le 7 janvier 1767, noble et puissante demoiselle Catherine-Austreberthe de Guistelle, partit le 27ᵉ jour de febvrier de ladite année, à six heures du matin, pour aller chasser à son marais de Casterelle, revint à sept heures de relevée, se coucha et mourut le septième jour en suivant, après avoir été saigné trente-sept fois, et reçu par l'entremise de sage personne, maistre Pierre Steenvord, curé, les secours de notre mère la sainte Église. Mme Catherine, au désespoir, accoucha sept mois après d'un enfant chétif, qui montra, par la gravité avec laquelle il fit son entrée dans cette vie, qu'il serait un jour un homme sage et savant, comme de fait il l'est devenu. Il reçut sur les fonts baptismaux les noms de Robert-Jean-Balthazar. »

C'est ainsi que je trouve annoncée la naissance de notre héros, sur la feuille de garde du livre qui lui fut si cher entre tous : *Longinus Dyonisius, Liber de grandi sive sublimi orationis genere.* In-4°, Basilæ, Oporinus, 1554.

A l'âge de huit ans, on lui donna pour précepteur un des plus illustres maîtres-ès-arts du collége des Quatre-Nations, l'abbé Hurepel, que l'appât de gages considérables décida à se rendre en cette province éloignée. Il y resta six ans, et ne quitta son élève que quand il put lui rendre ce témoignage, qu'il n'y avait pas dans le collége du Plessis, à Paris, un rhétoricien de sa force.

Robert-Balthazar avait alors un peu plus de quatorze ans. C'était un jeune homme d'une grande

maturité. Il avait toujours fait honneur à la prédic-
tion suggérée par la gravité avec laquelle il était
entré dans cette vallée de larmes. Il avait constamment montré le plus complet éloignement pour les
deux principales sources des calamités humaines,
les armes et les femmes : il n'avait jamais regardé
avec la moindre curiosité les plus belles épées sus-
pendues aux murailles de la grande salle, ni les tableaux galants dont un disciple de Boucher avait
orné les dessus de portes du salon.

Dès le premier instant où il avait pu exprimer
une idée raisonnable, il avait annoncé l'intention
d'être d'église. Non pas qu'il se sentit jamais un
grand zèle apostolique, mais il était réfléchi, austère, d'une philosophie précoce : il avait grand'-
peine à ne pas croire qu'il y eût en lui l'étoffe d'un
homme de génie.

Mme Catherine admettait volontiers qu'on n'avait
jamais ouï parler d'un enfant aussi merveilleux.
Comme elle était d'ailleurs une très-sage personne,
elle comprit que la patrie n'avait pas à compter sur
lui pour la sauver à main armée; elle vit bien
qu'il ne travaillerait jamais de grand courage à
attirer sur lui la bénédiction du Dieu d'Abraham ;
elle prévit que, dégagé des soucis de la bravoure
et de l'amour, il vivrait longtemps, paisible et
heureux. Elle crut entrevoir qu'il ressemblait mer-

veilleusement à ces sages Chinois dont l'*Encyclo-pédie* parlait beaucoup alors ; elle ne douta plus qu'il ne fût destiné à sauver le monde par la science, et quoiqu'il fût le dernier représentant de la branche aînée des Franc d'Escault, elle foula philosophi-quement aux pieds les préjugés de la famille et sacrifia l'avenir de sa race à l'avenir de l'humanité.

Robert-Balthazar, qui ne voulait pas être prêtre, mais tranquille, prit le petit collet, ne prit rien de plus, mais ne le quitta jamais, et garda éternelle-ment ce mépris qu'il avait pour les jupes et les arquebuses.

On l'envoya à l'âge de quinze ans à Paris, au séminaire des Trente-Trois qui dépendait du col-lége de Navarre.

Il fit là son *quinquennium*, c'est-à-dire les cinq années d'études philosophiques et théologiques nécessaires pour avoir le droit de faire la *tentative*, — ainsi nommait-on l'examen qu'on soutenait pour obtenir le grade de bachelier en théologie.

Robert-Balthazar n'était pas un philosophe très-*argut* ; il poussait l'argument avec mollesse et ne parvenait jamais à se dépêtrer des objections sub-tiles que lui lançaient ses adversaires. Mais il triomphait dans les belles-lettres ; il était connu dans toute l'Université de Paris sous le nom de *Bos ciceronianus vel isecraticus*, et avait la renommée d'être le plus fort humaniste qui eût illustré la Faculté des Arts depuis le xvie siècle. Cette réputation, son originalité, son nom, sa fortune, firent qu'on passa légèrement sur la faiblesse de sa *tentative*.

Une fois reçu bachelier en théologie, poussé par cet amour de la tranquillité qui est le signe auquel on reconnaît le véritable savant, il fit ses efforts pour entrer dans la Société de Sorbonne. Il avait bonne réputation de douceur et de piété, et bien qu'il fût destiné à n'être jamais qu'un pitoyable théologien, comme il était célèbre par son érudition classique, comme il savait le grec et l'hébreu, et qu'il pouvait illustrer ainsi la Société, on le reçut.

Cette Maison et Société de Sorbonne, si j'en crois l'abbé d'Escault lui-même, de qui je tiens tous ces détails, avait une organisation analogue à celle qui existe encore en Angleterre dans les universités d'Oxford et de Cambridge. C'était un *fellowship*, une compagnie, fondée par Robert Sorbon, organisée définitivement par Richelieu, pour le progrès des études dans les sciences religieuses.

Elle se composait habituellement d'une centaine de membres, copropriétaires des biens et appelés à partager les bénéfices de la Société. Elle avait soixante mille livres de revenus, et la maison contenait trente-six appartements, qui pouvaient être occupés par les trente-six plus anciens docteurs ; mais comme la plupart de ceux-ci étaient évêques, chanoines ou curés, il n'y avait guère qu'une vingtaine d'appartements occupés. Il en restait donc un certain nombre à la disposition des jeunes bacheliers en théologie, qui, après s'être fait recevoir dans la Société, pouvaient *courir leur licence* sans avoir à dépenser autre chose que les frais de nourriture. Les salons, le jardin, la bibliothèque, qui était fort riche, appartenaient également à tous. On y jouissait d'une honnête liberté ; la plupart des sociétaires étaient pieux, bienveillants et savants. On n'y avait d'autre souci que celui de choisir, sur une carte affichée chaque jour à la porte de la salle à manger, les mets que l'on désirait manger.

Les bacheliers avaient à soutenir trois thèses avant d'arriver à la *licence* : la *mineure*, la *sorbonique* et la *majeure*. Si vous avez rencontré, au temps de votre jeunesse, quelque vieux docteur de l'ancienne Faculté de théologie de Paris, il a dû vous parler de la façon dont Robert-Balthazar soutint sa *mineure*. Ce fut une véritable comédie, qui était destinée, sans la Révolution, à rester célèbre dans les fastes de Sorbonne. Mais depuis sa *tentative* notre héros était parvenu à savoir le chaldéen ; on le reçut cette fois encore, bien qu'il fût resté étonnamment court sur l'accord de la miséricorde et de la justice.

Quand il en vint à la *sorbonique,* le scandale et la risée furent trop grands. Il regarda d'un air hébété le docteur qui l'interrogeait sur la grande question alors à l'ordre du jour : *De tolerantiâ civili.* « Quibus modis ista tolerantia debet esse « distinguenda de *tolerantiâ ecclesiasticâ.* An sit « legitima vel non? An non rex christianissimus, « qui vocatur episcopus foris, debeat se opponere, « de totis viribus, istæ tolerantiæ civili perindè ac « si esset ecclesiastica? »

Robert-Balthazar songeait à ce moment-là même à un scoliaste des Néméennes, qu'il avait passé la nuit à lire. Il répondit Pindare à ceux qui lui parlaient tolérance ecclésiastique.

On trouva cette réponse indécente. M. Asseline, alors titulaire de la chaire hébraïque, fondée par feu Son Altesse seigneuriale le duc d'Orléans, et M. Gayet de Sansale, bibliothécaire de la maison, qui tous deux avaient une grande amitié pour Robert—Balthazar, essayèrent de le rappeler à lui en lui parlant des attributs de Dieu. Mais le pauvre garçon, entraîné par sa manie et sa distraction, sauta de Pindare à Hésiode. Il n'entendit de la question que le nom de Dieu :

— Muses du mont Piérus, s'écria-t-il, Muses qui

célébrez la gloire, venez et chantez un hymne à Jupiter votre père. C'est lui, c'est sa main puissante qui donne aux hommes la gloire et la bassesse, la renommée et l'obscurité. Facilement il élève, facilement il abaisse celui qu'il a élevé. Abaisser l'homme illustre, élever l'homme obscur; donner la vertu au faible, la faiblesse au superbe, tout cela est facile pour Jupiter, maître des hommes, qui habite au plus haut des cieux.

M. l'abbé Dudemaine, professeur royal de théologie, présidait la thèse, en présence de l'abbé Jolly, sénieur de Sorbonne.

— *Benè et ingeniosè* dit-il en souriant, *hœc est fortitudo Dei. Nunc, de aliis perfectionibus?*

— Entends-nous, Jupiter, reprit Robert-Balthazar, et, jetant sur nous un regard favorable, écoute nos vœux; donne à Persée un jugement droit, car...

On interrompit la thèse, et l'abbé Tinthoin, qui était le plus jeune des six professeurs de Sorbonne, dit d'un ton rogue à M. Asseline :

— Votre hébraïsant est fou !

— Oh ! tout au plus original et distrait. Les vrais savants sont comme les bons chiens de chasse : quand ceux-ci sentent le gibier, rien ne saurait les retenir. Chez les savants, la manie possède la même puissance d'irrésistible entraînement que l'instinct

chez les bêtes. En M. d'Escault la passion habituelle est augmentée par un peu de fièvre, un peu
de fièvre *hellénique* qu'il s'est donnée en travaillant
huit jours sur le mot *umneiousaï*, qu'il a trouvé
avec deux sens différents dans les *Néméennes* de
Pindare, et *les Travaux et les Jours* d'Hésiode.

— Je vois bien, conclut l'abbé Dudemaine en
secouant la tête, qu'il faut renoncer à en faire un
théologien, et je crains fort qu'il ne soit jamais un
savant, mais seulement un compilateur et un commentateur.

C'était une prophétie.

III

COMMENT VIVAIT L'ABBÉ D'ESCAULT EN SON CHATEAU DE
DE STAPLEMUNDE.

Ce fut en 1847 que je vis pour la première fois
l'abbé d'Escault. J'allai passer chez lui une partie
de mes vacances, en compagnie de Charles-Jules
d'Escault et de Charles de Rugnières, qui étaient
ses petits-neveux à la mode de Bretagne, ses seuls
héritiers et mes meilleurs amis de collége. J'avais
beaucoup entendu parler de *notre oncle l'abbé*
pendant le cours de mes études, et j'aimais à
mettre son nom sur le tapis, parce qu'il était un

18.

des personnages dont les *Mémoires de mon Oncle* m'avaient livré le profil. Charles de Rugnières m'avait raconté ses singularités, en assurant que c'était le meilleur homme du monde; Charles-Jules d'Escault, en ses jours de verve, énumérait ses manies avec une joyeuse ironie; moi qui étais un rhétoricien de belle venue, j'étais fier d'aller voir un homme si savant; et comme j'achevais la lecture des *Contes* d'Hoffmann, je tressaillais de joie à la pensée de rencontrer un homme évidemment de la même race que tous ces héros de contes fantastiques et qui était, en même temps, un homme du dix-huitième siècle.

J'acceptai donc l'invitation tant de fois renouvelée par mes amis, l'invitation d'aller passer quelques semaines de vacances chez l'*oncle fou*, comme l'appelait Charles-Jules. Nous fîmes le plus charmant voyage du monde à travers la Flandre française.

Moreel, un cocher qui ressemblait à un tonneau, et qui ne parlait que le flamand, était venu nous chercher à trente lieues de Staplemunde, avec deux chevaux boursouflés qui ne pouvaient faire que six lieues par jour, et notre joyeux voyage commença par un éclat de rire.

Le carrosse dans lequel nous montâmes datait de l'époque où le maréchal de Soubise, gouverneur de Flandre et Hainault, avait fait son entrée à Dunkerque, en 1752, si je ne me trompe, et les chevaux et le cocher paraissaient remonter au même temps. Ce dernier ressemblait à un homme qui vient de dormir pendant quatre-vingt-quinze ans, qui se réveille de mauvaise humeur et ne veut ouvrir les yeux qu'à demi, parce qu'on lui avait promis de le laisser dormir cent ans durant.

Il faut dire que ce vénérable attelage, homme et bêtes, ne sortait qu'une fois l'an, pour venir chercher les neveux ; et comme les chevaux avaient oublié l'usage de leurs jambes, et comme le cocher était obligé de passer un quart de sa journée sans fumer, c'était une grosse affaire. Aussi, quoique Moreel, fort bon homme, nous comblât de ses sourires les plus bêtes, il était facile de voir qu'au fond de ses lourdes pensées il se disait qu'il voudrait bien être notre oncle pour un quart d'heure, afin de nous déshériter et d'épargner au sage Moreel et à ses sages chevaux le supplice de sortir de l'écurie une fois chaque année.

L'aspect du castel de Staplemunde me ravit. Figurez-vous, au bout d'une longue plaine marécageuse, un grand château entouré d'un double rang de fossés et paraissant bâti exactement sur le modèle des châteaux si naïvement dessinés dans les manuscrits du quinzième siècle. A l'aspect de ce carré flanqué de quatre grosses tours, Charles de Rugnières avait grand'peine à ne pas se croire Huon de Bordeaux s'avançant vers le château de Dunostre, bâti par Jules César, père du lutin Oberon.

Quand nous arrivâmes, M. d'Escault nous fit dire que nous étions les bien venus, mais qu'il lui était impossible de venir nous recevoir, parce qu'il était en train de chercher pourquoi le mot *calumniari* se trouvait si rarement dans les poëtes satiriques latins.

Toute la domesticité du château nous attendait dans le vestibule. En tête apparaissait la reine de céans, Louison, qui nous embrassa tous les trois avec la gravité tendre d'une bonne mère. Elle avait à cette époque cinquante ans et tyrannisait son maître depuis l'année 1812. Elle avait toujours été d'une laideur rare, et bien que la redingote de M. d'Escault ressemblât fort à une soutane, les cabaretiers du voisinage, pour qui le bonhomme était une effroyable incarnation de l'ogre de la féodalité, n'avaient jamais attribué cette tyrannie domestique à de vilaines causes. Chacun savait d'ailleurs qu'il n'avait jamais regardé d'autres femmes que celles qui sont dessinées sur les titres de belles éditions *variorum* de Leyde ou d'Amsterdam.

Derrière Louison se tenaient une dizaine de

personnages bouffis qui composaient sa famille en même temps que la domesticité du château. Ils remplissaient une foule de fonctions dont il n'existait que le titre ; les plus occupés de tous étaient le jardinier et ses trois aides, et le jardin se composait d'un bouquet de fleurs dessiné par Mme Catherine-Austreberthe, à l'âge de onze ans. Quand à Moreel, qui complétait la race de Louison, il était allé se coucher ; il était courbaturé, presque mort de lassitude, et n'avait plus de voix que pour maudire le sort des pauvres gẽns : il avait fait trente lieues en huit jours, assis sur un coussin emprunté à la plus moelleuse bergère qui fût dans tout le pays flamand.

On me mena visiter les appartements. Tout était noir, riche, curieux et moisi; à l'heure du souper, M. d'Escault descendit lestement les escaliers. Il posa sa joue droite sur la joue de Charles-Jules, qui était le dernier d'Escault de nom et armes ; sa joue gauche sur l'oreille de Charles de Rugnières, qui n'était d'Escault que par les femmes ; il me fit une grande révérence en me remerciant de l'honneur que je faisais à sa pauvre maison, et me pria de la considérer comme mienne. Il me rappela que nous étions parents au dix-huitième degré et qu'il avait eu la bonne fortune de connaître M. l'abbé de Ricault de Lignières, mon oncle, *vir iracundus*. Puis se tourna vers Charles.

— Sais-tu, demanda-t-il de sa petite voix de crécelle, pourquoi les anciens poëtes ne se servent jamais du mot *calumniari* ?

— Oui, mon oncle, répondit Charles, qui avait déjà une grande passion pour la philosophie historique.

— Ah ! et comment se porte ta mère ?

— Fort bien.

— Eh bien ! cette raison ?

— C'est je suppose, parce que la calomnie, comme le mensonge, n'étaient pas, avant le christianisme, des vices *généraux*, mais des vices *particuliers*. On ne disait pas d'un homme : C'est un menteur ou un calomniateur ; on disait : Il a menti ou calomnié dans telle circonstance. Il fallait que le mensonge se compliquât d'une noirceur particulière pour être haïssable, comme, par exemple, dans le cas où un esclave calomnie son maître. Aussi je suis sûr que vous n'avez jamais trouvé, mon oncle, le mot *mendacium*, pas plus que le mot *calumniari*, dans Juvénal, dans Catulle, dans Martial, dans Plaute, dans Horace, enfin dans aucun poëte satirique.

— Je crois que le fait est vrai, mais l'explication est trop simple, murmura l'abbé en se sauvant prestement.

— Trop simple ! dit Charles-Jules en riant.

Mais le digne homme revenait sur ses pas, en

murmurant de sourdes imprécations contre Aristophane, qui, selon lui, s'était trompé sur les attributions de Vénus Généthliaque. Il revenait avec l'intention de nous demander notre avis là-dessus. Il nous regarda tous trois, et sans doute une lueur de sens moral se fit jour dans le fouillis d'érudition qui constituait son cerveau; il devina peut-être que nos dix-huit ans devaient nous garantir contre de pareilles questions. Il secoua silencieusement la tête et disparut.

Je ne m'étais pas trompé. Je venais bien de voir un personnage digne de figurer dans la famille fantastique d'Hoffmann. Tout m'avait frappé en lui: ses petits pieds, ses longues mains sèches, les larges boucles d'or de ses souliers, ses bas de soie noire, qui recouvraient une jambe mince comme un fuseau, le grand gilet bleu sombre qui descendait presque jusqu'au bas de ses culottes, nouées au genou, l'habit noir à larges basques, son petit corps si maigre, la petite queue poudrée et légèrement retroussée qui frétillait continuellement entre ses épaules, le derrière de sa tête si plat, son grand front poudré, sa figure en lame de rasoir, ce nez mince, immense, recouvert d'une peau jaune et ridée, et qui paraissait si étonnamment immobile, si impertinemment grave entre ces deux petits yeux gris à l'expression effarée.

Je n'oublierai jamais surtout l'étrange vivacité de ses gestes, le menu trottinement de sa marche et le grognement qu'il laissait constamment entendre et qui était comme une réponse vague, dilatoire, équivoque, qu'il faisait à d'éternelles objections intérieures.

Le dimanche suivant, M. d'Escault descendit pour se rendre à la messe. Il me prit le bras, me parla comme s'il me connaissait depuis mon enfance, me tutoya, — familiarité qu'il n'employait qu'à l'égard de ses seuls neveux, — causa toute la journée avec moi des choses les plus intimes, les plus bizarres, et finalement me raconta tous ses souvenirs de jeunesse.

J'étais venu à Staplemunde avec l'intention d'y rester quinze jours. Il en fut décidé autrement par Louison, qui n'aimait pas Charles-Jules, parce qu'il était fier, ni Charles, parce qu'il était grave, et qui fut fort attendrie par la curiosité vive, bienveillante et joyeuse avec laquelle je l'interrogeai sur tout ce que je remarquais de bizarre en ce temple de l'étrangeté. Il fallut donc rester un mois en Flandre.

Je ne rencontrais M. d'Escault que tous les huit jours. Mes deux amis m'assurèrent qu'ils ne l'avaient jamais vu donner à aucun autre sa confiance aussi promptement qu'à moi. Je profitai effrontément de cette sympathie, qui m'humiliait un peu

néanmoins de la part d'un homme dont la bizarrerie touchait à la folie, et je devins si familier, que
je ne craignis plus de l'interroger sur ses plus se-
crètes pensées.

Quand je partis, il m'embrassa sur les deux
oreilles. Il m'avait permis, à la stupéfaction de
tous, de visiter sa bibliothèque. Il me donna sa
bénédiction en levant vers le ciel des yeux humides
et m'appela son cher enfant. Il me fourra dans la
main, avec la timidité d'une jeune fille qui offre
un bouquet à son fiancé, un papier qui contenait le
plan d'un commentaire sur les ouvrages du pseudo-
Dyctys de Crète, et du pseudo-Darès le Phrygien.

Jamais je ne le revis. Il vient de mourir, sans
avoir depuis lors prononcé mon nom, demandé de
mes nouvelles, ou témoigné qu'il m'avait connu.
Son testament seul prouve qu'il ne m'avait pas oublié. Il m'y appelle : « *Puer magnæ spei, Carolus
Ricaldus ;* » un enfant de grande espérance ! Je
dirai plus tard quel legs il me fit.

IV

DES BONS DÉPORTEMENTS DOMESTIQUES
DE L'ABBÉ D'ESCAULT.

Le digne abbé était bien l'homme le plus naturellement extravagant qu'on pût rêver, et chacun

de ses actes était le plus naïf et le plus risible souf-
flet donné au sens commun, aux nécessités de la
vie réelle, aux plus simples comme aux plus légitimes habitudes de l'existence sociale. Il prenait
tout à rebours, avec le plus sincère désir d'agir
naturellement et logiquement.

Il détestait par-dessus tout les circonlocutions ;
chacune de ses conversations contenait des pointes
amères contre les périphrases ; il avait des sorties
sanglantes contre les amplifications, les bavards,
le style obscur, le langage contourné. « La langue
française, disait-il, va droit au but ; c'est une
langue militaire, c'est une flèche ; » et il ne pouvai
pas arriver à la plus banale conclusion sans se
débattre entre vingt parenthèses.

Il était âpre contre un savant d'*Hondschootte*, et
le traitait avec un mépris indicible, parce que
celui-ci aimait le langage fleuri, entortillé, ample
et rebondi. La première fois que je l'entendis parler
de cette bête noire, il commença une phrase avec
l'intention formelle de me dire son nom. Au bout
de vingt minutes, il suait à grosses gouttes, il
nageait entre vingt phrases incidentes, errant de
l'une à l'autre, ballotté, malheureux, tyrannisé par
une sorte de logique qui ne lui permettait pas de
sortir d'une nuance de pensées avant de l'avoir
exposée à fond. Il n'avait pu parvenir encore à ce

but qu'il ne perdait pas de vue, où il essayait d'arriver à l'aide des plus énergiques efforts d'intelligence, et qui était de m'apprendre que ce maudit amateur de périphrases se nommait Jean Lerond.

Il en faisait de même en toute circonstance. Il avait hâte, et ne pouvait arriver à rien sans prendre le plus long, sans s'égarer en cent détours.

Dans son intérieur, il ne touchait à aucune chose sans avoir prudemment examiné non pas où elle devait être, mais où elle devait ne pas être ; il lui fallait faire chaque jour le siége de sa garde-robe pour trouver sa houppelande, et l'on racontait des détails merveilleux sur ses relations quotidiennes avec ses pantoufles, sa tabatière et son bonnet de nuit.

Dans les choses de l'intelligence, il était poursuivi par une sorte de fatalité taquinante, comme possédé par un lutin malicieux qui lui laissait faire les plus sages réflexions, les plus mûres délibérations, les préparatifs les mieux ordonnés, et qui le poussait sans cesse en dehors de la voie droite, dans des impasses où il jouait le plus piteux rôle, dans des ornières où il se débattait en vain avec les plus grotesques postures. C'était un grand philosophe et un badaud, un profond penseur et un niais, un homme rempli d'expérience, à qui l'expérience avait appris non à bien faire, mais à craindre de mal faire et à faire pis.

C'était le type, un peu flamand, je veux dire un peu chargé, du *commentateur*, de l'homme qui vise à être savant, qui commence par être scoliaste et finit par être compilateur.

L'abbé d'Escault n'était pas fou pourtant, et je demandai un jour à Charles de Rugnières comment il expliquait ces étranges contradictions.

— Notre oncle, me répondit-il, représente une des plus curieuses variétés de l'espèce des poëtes. C'est un de ces hommes en qui l'imagination est si inquiète et si puissante, que nulle autre faculté ne peut faire contre-poids dans leur esprit. Ils s'épouvantent à la vue d'une montagne qui barre la route à l'horizon ; ils se désolent à l'aspect d'un ruisseau qu'ils aperçoivent à une demi-lieue de distance ; ils se demandent avec une anxiété fiévreuse s'ils trouveront un pont ou un gué ; et avant d'arriver à l'obstacle lointain qui les préoccupe uniquement, ils tombent vingt fois sur le grand chemin parce qu'ils n'ont pas regardé, à leurs pieds, un caillou qui les a fait trébucher ; ils se noieront dans le ruisseau, parce qu'arrivés là, ils l'ont oublié et ne songent plus qu'à la montagne, située à une lieue plus loin.

Ce vénérable et bizarre personnage avait étudié

avec une ardeur infinie les éléments de toutes les langues ; encore aujourd'hui il passe, parmi les sociétés savantes de l'Europe, pour un des hellénistes et des hébraïsants les plus illustres de notre temps. Sa renommée est grande en Germanie ; et bien des professeurs allemands de haute esthétique m'ont assuré, avec l'insolence de leur infatuation habituelle, qu'ils regardaient la France comme indigne de posséder un tel savant.

Pour notre abbé, la philologie n'était d'ailleurs qu'un instrument. Il avait dès longtemps le projet de commenter tous les auteurs grecs, dans l'ensemble desquels il retrouvait le résumé complet de l'intelligence humaine, et de les charger de notes philosophiques, morales, religieuses, artistiques et sociales. C'était par là qu'il voulait sauver l'humanité, et il avait là-dessus une théorie profonde, mais très-longue, que je conserve pour étudier en mes vieux jours.

Il se lança tout d'abord dans le traité *Du sublime*, de Longin, parce que, disait-il doucement, il est logique de descendre du haut en bas et que c'est la pente de la nature. Il foudroyait son ennemi Jean Lerond, qui prétendait au contraire qu'il est logique de monter de bas en haut.

On se souvient encore dans les Flandres belge et française de cette lutte mémorable. Fallait-il partir d'Anacréon ou de Longin, de la chanson ou du sublime, pour reconstituer la science humaine ? Je fus souvent interrogé sur ce point capital lors de mon voyage en Flandre.

L'abbé d'Escault travailla soixante-dix-sept ans de sa vie à ce commentaire de Longin ; mais je crois pouvoir assurer qu'il n'acheva jamais qu'une seule des cent mille phrases qu'il commença. Il comprenait parfaitement le sens de son auteur ; il le comprenait trop, si je puis dire. Quand il prenait la plume pour écrire la première explication qui lui vint à l'esprit et qui était la bonne, une seconde survenait qui bataillait contre l'autre dans l'intelligence du savant. Pendant la lutte une autre explication surgissait. Le bonhomme, effrayé, dépensait ses heures à tenter un accommodement. A la suite de réflexions infinies, il arrivait à créer une quatrième espèce de paraphrase qui se prenait aux cheveux avec les trois autres et augmentait le tumulte.

Après des mois de malaise intellectuel, d'incertitudes et d'angoisses, il passait en soupirant à la phrase suivante. Elle se montrait aussi indocile, et ses cruautés se compliquaient des anxiétés, des remords que donnait à notre abbé cette première phrase inachevée.

Ce commentaire de Longin existe, je l'ai sous la

main, — je vais dire bientôt comment il vint en ma possession.

M. d'Escault hérita, à la fleur de son âge mûr, d'une grande partie de la riche bibliothèque du comte de Buat.

Ce lot de livres valait à peu près cinq mille francs; il lui en coûta trois cent mille. Il avait eu grande envie de refuser cet héritage, mais l'esprit d'ordre qui était dans le sang des Franc d'Escault ne lui permit pas cette prodigalité; la délicatesse, qui était aussi un des caractères de cette race, ne lui laissa pas même songer à vendre ce souvenir d'un ami. Cependant les quelques précieuses éditions gothiques que renfermait cette collection tourmentaient singulièrement notre érudit; il se demandait ce qu'il ferait de pareils livres à côté de ses classiques. Cela dépareillait, lui semblait-il, sa propre bibliothèque.

Il ne trouva rien de plus simple que d'acheter un grand nombre d'autres livres du Moyen Age pour faire corps. Il se lança donc dans les incunables, les éditions princeps, les plaquettes rarissimes de cette époque qu'il méprisait comme barbare, où il connaissait seulement les commentateurs d'Aristote, de la Bible et des Pères, où il estimait uniquement Raoul de Presles, parce que celui-ci, à propos de la *Cité de Dieu*, de saint Augustin, avait trouvé moyen de donner la description de Paris au xive siècle et de parler de l'origine des Turcs.

L'abbé passa les quarante dernières années de sa vie à dépenser des sommes considérables pour cette littérature gothique, et à se désoler de l'argent que cela lui coûtait. N'étaient-ce pas ces monstrueux romans chevaleresques qu'il n'avait même jamais daigné ouvrir, qui l'empêchaient depuis si longtemps d'acheter ce Lucrèce, dont la possession lui eût donné la plus grande joie de ce monde ?

Dans sa bibliothèque, qui était en somme d'une richesse merveilleuse, nul n'entrait ordinairement, pas même la reine Louison ; et c'était encore une des épines de la vie de notre savant. La bonne Flamande avait la passion de la propreté ; l'abbé luttait pour protéger contre tout accident les instruments de la régénération sociale, ses livres que la vieille fille voulait débarrasser de leur poussière. La pensée des générations d'araignées qui régnaient en paix dans cette bibliothèque était pour Louison un supplice continuel, et nul ne pourra dire l'habileté diplomatique qu'elle déploya pendant trente-cinq ans pour pénétrer dans ce sanctuaire du désordre.

M. d'Escault était obstiné : elle n'y mit jamais les pieds. Mais chaque samedi, jour de fête de la propreté dans le pays flamand, était consacré à une querelle domestique.

Le combat commençait sur une insinuation aigre-douce de la bonne femme ; le bonhomme ripostait d'un ton sévère et prenait vertement la défense des araignées. La discussion s'envenimait sur l'accusation de malpropreté dirigée contre les savants, et ne cessait que le soir, après souper, quand l'abbé d'Escault ordonnait solennellement *aux imbéciles* de quitter son logis dans les vingt-quatre heures. Toute la domesticité baissait le front avec une humilité touchante. Louison seule protestait qu'il n'y avait d'autres bêtes dans la maison que les araignées ; puis elle se taisait, et le calme renaissait jusqu'au samedi suivant.

Elle avait une grande vertu qui forçait son maître à oublier son fanatisme pour l'ordre : elle était insolente à l'égard des étrangers et traitait si grossièrement les visiteurs, que peu à peu, à la grande joie du vieil érudit, le chemin du château avait été abandonné par tout ce qui n'était pas porte-besace. Louison, je l'ai dit, avait fait en ma faveur une exception que je devais à ma jeunesse, à mes yeux noirs et à mes longs cheveux noirs. — Elle était rousse.

Cette bibliothèque dont je viens de parler et dont la seule pensée faisait battre le cœur de tous les bibliophiles français, cette bibliothèque ne s'ouvrait qu'une fois l'an, le jour de la naissance de l'abbé, et pour deux seules personnes, ses deux neveux.

C'était un jour solennel, mais encore un jour plein de douleur. Le vieillard croyait devoir faire un sacrifice à l'amour de la famille, donner une marque inappréciable de folle tendresse et de confiance insensée aux derniers représentants de sa race. Il ne quittait pas leurs mains de l'œil. Il les savait parfaitement incapables de lui enlever un signet, mais chacun de leurs gestes le mettait dans un émoi inexprimable.

On comprend que, chez les jeunes gens, cette fête n'excitait pas des transports de joie. Charles-Jules avait même demandé un jour à son oncle pourquoi il ne choisissait pas M. Jean Lerond pour l'introduire dans un lieu obscur, poudreux et froid, où on avait le droit de ne rien toucher et la possibilité de ne rien voir.

On devine que le vieillard entra dans une colère furieuse. Il accabla Jules de malédictions, lui jura, sans trop de circonlocutions, qu'il était aussi criminel que Cham, qu'il n'avait aucune vertu de famille, qu'il périrait sur l'échafaud comme un parricide, et finalement qu'il dévorerait ses enfants comme Saturne. L'idée de ce festin donna à l'inculpé un accès de fou rire, et Charles de Rugnières eut grand'peine à empêcher son cousin d'être déshérité.

A l'âge de quatre-vingt-deux ans, le vénérable homme couronna ses extravagances par une singularité des plus inattendues. Il se dit un beau jour que cette maudite bibliothèque gothique finirait par le ruiner, et qu'il était temps de s'en débarrasser s'il ne voulait mourir sur la paille. — Il avait soixante-dix mille livres de rente. — Tout inopinément il fit don de cette précieuse collection à Charles de Rugnières, avec cette clause qui l'en débarrasserait dans le mois et n'en donnerait jamais un seul volume à Charles-Jules.

Pendant les quinze premiers jours qui suivirent cette résolution, il se trouva tout joyeux et vraiment rajeuni. Il expédia chaque caisse en poussant un soupir de soulagement, comme si chacune de ces caisses était enlevée de dessus sa poitrine.

Mais quand il ne vit plus ces reliures qui avaient été la joie de ses yeux depuis quarante ans ; quand il trouva vides ces grandes pièces autrefois si vivantes de la vie de tous ces auteurs et de toutes ces pensées ; quand les rayons du soleil et les lueurs des lampes ne trouvèrent plus dans ces casiers les lignes d'or, les méandres capricieux, les arabesques, les fleurs de lis, les hermines des riches couvertures, il lui sembla qu'il était dans sa tombe.

Il se dit que la vie de l'homme est courte et bientôt ravie, que les jours déclinent comme l'ombre et que l'existence se fane comme l'herbe fauchée ; il songea qu'il était temps de songer uniquement à son salut et, par un second acte, déshéritant complétement Charles de Rugnières qu'il aimait comme son fils, il donna toute sa fortune à Charles-Jules d'Escault qu'il détestait, et ne garda pour lui qu'un revenu de vingt mille francs, pour l'employer en bonnes œuvres et en charités.

On devine que la première charité fut le don qu'il se fit de ce Lucrèce depuis si longtemps désiré, et que la plus sacrée de ces bonnes œuvres était à ses yeux, de compléter sa bibliothèque classique.

Il se livra dès lors désordonnément et dans toute la joie de son âme à Longin, dont il parvint, après soixante-trois ans d'étude, à traduire la première phrase.

Charles-Jules, qui était, malgré sa morgue patricienne, le plus généreux, le plus noble et le plus délicat des hommes, veilla à ce que rien ne fût changé à Staplemunde. Il ajouta, pour nourrir cette tribu de Louison à laquelle le vieillard était habitué, vingt mille francs à ceux que M. d'Escault s'était conservés.

Celui-ci admirait l'esprit d'ordre qui s'était introduit chez lui depuis que cette barbare littérature

gothique en avait disparu : il faisait avec ses vingt
mille francs tout autant qu'autrefois avec sa fortune entière.

« Après Dieu, disait-il, c'est à l'esprit de correc-
tion, de régularité, de concentration, de précision
et de goût qui se trouve dans les classiques, que je
dois ce bonheur. »

Il se rappelait une belle légende que lui racontait Charles de Rugnières et où Dieu — afin de récompenser un moine de son amour pour la science
et du travail qu'il s'était donné pour répandre les
lumières en passant sa vie à copier les manuscrits
— avait conservé les deux premiers doigts de la
main droite de l'écrivain instacts, deux siècles
après que tout le reste de son corps était tombé en
poussière.

M. d'Escault assurait que le Seigneur avait aussi
voulu le récompenser de son amour pour Lucrèce,
pour Martial, pour Aristophane, pour Horace et
Longin, en donnant à ses vingt mille francs une
valeur qu'ils n'eussent pas eue entre les mains
d'un ignorant ou d'un amateur de roman de chevalerie.

V

DES SAVANTS DU BOULONNAIS ET DE LA MORT
DU BON ABBÉ D'ESCAULT.

La mort a des rigueurs à nulle autre pareilles.

Le bon abbé d'Escault, sobre, égoïste, indifférent à toutes les passions que les sombres humains ont armées de fièvres et de *forcennerie* pour venir en aide aux Parques cruelles, paraissait avoir pris les plus sages précautions pour défier le trépas. Mais si doucement que la blême Clotho tirât le fil de ses jours, il était écrit dans le livre du Destin que l'antique savant ne verrait pas poindre l'aube des quatre-vingt-dix-septième année, et dès le commencement de l'année 1864, la noire Atropos agita ses redoutables ciseaux.

Il était juste que celui qui avait donné sa vie à la passion de la science mourût de la main de la science; mais ici le sort poussa jusqu'à la cruauté sa malice ordinaire, et cet illustre, pour qui les professeurs d'hyperphilologie allemande n'avaient pas assez de louanges, ce puissant pour qui le chaldéen n'avait pas de mystères, ce divin en face duquel le cophte avait levé tous ses voiles, il tomba devant un texte de latin monastique et périt sous

les coups d'une science basse, puérile et qu'il avait
toujours méprisée, je veux dire la géographie.

> La mort a des rigueurs à nulle autre pareilles.
>   On a beau la prier.
> La cruelle qu'elle est se bouche les oreilles,
>   Et nous laisse crier.

Vous savez qu'il existe, pas très-loin du pays de
Franc, un aimable et doux petit pays que l'on
nomme Boulonnais.

Ce pays, qui était une des *marches* de la France,
touche à la mer, qui est la frontière d'Angleterre,
et à l'Artois, qui était la frontière des Flandres et
d'Allemagne. Il produisit jadis de vaillants cheva-
liers, des bourgeois *chevalereux* et de hardis ma-
rins. Je ne sais ce qu'il naîtra des cendres de ces
héroïques personnages quand le jour des épées
luira de nouveau, mais à cette heure le soleil ne
voit plus dans ces champs, autrefois si bruyants,
que les nappes vertes des prairies humides et les
grands arbres des vieilles forêts de la Morinie; et
le Boulonnais, célèbre par ses batailles, ne produit que des savants redoutables.

Où se trouve Quentovic? où gît le *cadavre de
cette malheureuse cité*, chère aux Romains, illustre
sous les Gallo-Romains, que l'incendie, les sables

et les Normands firent disparaître de la surface du globe ? C'est là le terrain du combat.

Quentovic ! Quentovic ! Donnez-vous la préférence à la rive gauche de la Canche ? Prenez garde ! Donnez-vous la préférence à la rive droite de la Canche ? Défendez-vous ! Étaples, ou la mort ! Cucq, pour toujours ! Ce sont là les cris de guerre des savants du Boulonnais.

Quand les flots d'encre ont été versés, quand la langue française a été mise dans un état analogue à celui où les Normands ont réduit la malheureuse cité, chacun des combattants panse ses blessures à l'écart ; le calme renaît pour un instant. Calme trompeur, Seigneur ! *Un mot sur l'emplacement de Quentovic.* Ce mot est un volume, et la lutte recommence.

Survient M. Robert, le bon M. Robert du *Médecin malgré lui.*

— Messieurs, de grâce ! la paix ! N'avez-vous point honte ? Holà, fi ! qu'est ceci !

— Rive droite ?

— Rive gauche ?

— Eh ! messieurs, un peu de patience ! Hé là ! Que ne vous entendez-vous ? Mon Dieu ! Quentovic était en même temps sur la rive droite et sur la rive gauche.

Tumulte indescriptible. On gourme le bon

M. Robert, qui s'enfuit et laisse la place à Marphurius.

— Eh ! messieurs, la sagesse nous ordonne de parler de tout avec incertitude, et ne voyez-vous point qu'il est impossible de dire où se trouvait Quentovic ?

Ainsi en sera-t-il jusqu'à ce qu'arrive un cinquième savant, le savant de l'avenir, le représentant de la Critique, qui dira :

— Quentovic n'a pas existé.

A cela on répondra par des textes, que ce critique appellera symboliques ou mythiques, comme vous savez.

Nos Boulonnais ne sont encore que des savants du passé, non de l'avenir ; ils en sont encore à la discussion, non à l'affirmation, et ils cherchent à comprendre les textes, non à les annuler.

C'est à l'un de ces textes, fondamental en la question, qu'est due la mort prématurée de l'abbé d'Escault.

Je vous prie de redoubler d'attention pour un instant.

« *Martinus*, dit Alcuin, *in wico* APUD *Sanctum-Judocum infirmus remansit.* »

Toute la question est renfermée dans cet *apud*. *Dans* ou *auprès de ?* Voilà tout. « Martin, malade, resta à Quentovic, dans l'abbaye de Saint-Josse ; »

ou bien : Martin, malade, resta à Quentovic, auprès de l'abbaye de Saint-Josse. » C'est clair, n'est-
ce pas ? dans Saint-Josse ou auprès de Saint-Josse.
Quentovic est-il auprès de Saint-Josse qui existe
encore, ou bien Saint-Josse était-il dans Quentovic ?

C'est là la difficulté qui depuis tant de siècles a
excité la verve, la science et la bile de tant et de
si notables savants, et qui, jusqu'à la consommation du Boulonnais, de la France et du latin, oc-
cupera les veilles des érudits.

Dans l'intervalle d'une de ces trêves dont j'ai
parlé, après que Marphurius eut fait trembler les
combattants en leur proposant d'abandonner définitivement cette cité au malheureux sort que lui
ont fait les Normands en 888, on décida, d'un
commun accord, qu'on interrogerait sur cet *apud*
le plus grand philologue de France, et l'on apporta
la phrase d'Alcuin, avec grande solennité, au château de Staplemunde.

L'abbé d'Escault réfléchit pendant six mois et
déclara magistralement que *apud* voulait dire :
dans, ou bien : *auprès de.*

Je n'ai jamais bien compris la fureur qui éclata
en Boulonnais à cette explication. Je suppose que
les érudits, ignorant le caractère de notre abbé, se
persuadèrent qu'il avait voulu se moquer d'eux.

Tous les partis s'accordèrent en ceci, que mon-

sieur d'Escault était un faux savant et qu'il ignorait
même le latin. Les journaux de Flandre, de Picardie
et d'Artois retentirent du nom du pauvre abbé, des
preuves de son ignorance, et Jean Lerond ne
manqua pas de faire parvenir au château les mar-
ques du mépris public.

Notre digne oncle, qui n'avait jamais eu d'autre
vanité que celle du savoir, d'autre haine réelle que
celle du bruit, trembla quand il apprit que son
nom était devenu la proie du suffrage universel.
Quand il vit les sots, les ignorants, les coquins de
tout le nord de la France s'établir ses juges, faire
de lui un jouet, de sa vie un texte de plaisanteries,
de ses habitudes un thème d'allusions grotesques,
de sa personnalité une sorte de mannequin bouffon
propre à recevoir toutes les nazardes et tous les
crachats, il se sentit mordu au cœur.

Il s'humilia devant Dieu qui punissait ainsi jus-
tement son égoïsme et ainsi rudement son naïf orgueil. Il abandonna ses livres, ces instruments d'un
travail si vain, si sincère, si inoffensif et si cruellement persécuté, et il dépérit peu à peu. Sa douce
et bienveillante tête s'inclina sous le poids de cette
vie qu'il avait soutenue jusque-là avec la conviction, bien candide sans doute, mais bien touchante
aussi, que sa carrière ne serait pas inutile au
monde ni à la science, et avec cette espérance qu'on

lui pardonnerait d'avoir mal rempli les devoirs vulgaires dans une existence occupée de pensées plus hautement bienfaisantes.

Au milieu de ces souffrances, son esprit s'apaisa, mais aussi s'affaissa. En apprenant que Charles-Jules avait, à cause de lui, souffleté un journaliste et reçu un coup d'épée d'un autre, il tomba pour ne plus se relever, et au commencement de ce mois de janvier, mes deux amis reçurent la nouvelle que leur oncle était à la dernière extrémité. Ils coururent à Staplemunde.

Quand ils arrivèrent, le bon abbé venait de recevoir les derniers sacrements. Tous les domestiques étaient agenouillés dans la chambre mortuaire pleurant à la pensée de la douce vie qu'ils allaient perdre, et peut-être aussi à l'idée du maître si facile et si bienfaisant que bientôt ils ne verraient plus.

Un sourire affectueux éclaira les traits du vieillard quand il vit entrer les deux derniers représentants de son sang, et il arrêta sur Charles, le favori de son cœur, un regard ferme et doux qui n'avait plus rien des vagues inquiétudes du temps passé.

Les deux jeunes gens se précipitèrent sur la main décharnée qu'il leur tendit et la baisèrent en la couvrant de larmes. Il fit signe à Charles-Jules d'aller s'asseoir dans un grand fauteuil armorié, et sourit de nouveau avec une tendresse touchante quand il vit Charles de Rugnières s'agenouiller à côté de son lit.

Puis il laissa retomber sa tête et resta quelque temps les mains jointes et les yeux à demi-clos, tournés vers un grand crucifix d'ivoire suspendu dans l'alcôve.

— Je crois, mon bon Charles, que je n'ai pas fait tout le bien que je devais faire, dit-il d'une voix sourde, et je remercie Dieu de m'avoir puni par où j'ai péché. J'étais fier de ma science, je croyais qu'elle me mettait au-dessus de tout le monde, et, tu sais, je vais mourir avec la réputation de n'avoir pas même su le latin. Cette pensée a été bien rude, mais j'en suis heureux maintenant, et je l'accepte comme une expiation. J'espère que Dieu me pardonnera, parce que si j'ai fait peu de bien, je n'ai jamais voulu faire de mal. Seigneur, mon Dieu, je n'ai jamais méprisé les pauvres, j'ai bien souvent désiré que tout le monde fût riche. J'ai toujours pardonné aux ignorants de n'être pas savants ; vous savez que j'ai eu grand'peine, mon Dieu !... J'ai gardé votre foi, ô Jésus ! je ne me suis jamais laissé entraîner par la beauté de l'art et de la poésie antiques jusqu'à mépriser votre loi, qui aime tant la misère, la nudité, les souffrances et les infirmités, et vous savez que j'ai eu grand'peine, mon Dieu !

Je n'ai jamais permis à l'esprit d'envahir l'âme, et je n'ai jamais laissé la science se mettre à la place de la foi. Mon Dieu, ayez pitié de moi !

Il se tut pendant quelque temps, et reprit d'une voix qui allait s'affaiblissant :

— Tu vois ce que c'est que la science, mon Charles ; j'ai passé une vie double d'une existence ordinaire dans l'étude, j'ai travaillé jour et nuit, et je ne laisse pas une phrase achevée. Je sais bien que j'étais fou, moi ; mais, va, c'est l'histoire de tous les savants. Je me disais : J'ai des devoirs supérieurs, et je puis dédaigner les devoirs de tous les jours. Ah ! si j'avais passé quelques-unes de mes heures, comme me le dit feu M. l'abbé de Ricault, à consoler ceux qui pleuraient, à chercher ceux qui souffraient, j'aurai fait du bien à quelqu'un, et avec tant de travail, qu'est-ce que j'ai fait ! Mais vous, mon Dieu, vous savez le triste esprit que vous avez donné au pauvre insensé ! Ah ! j'ai bien souffert de ce trouble, de cette obscurité, de ce tourbillon qui était dans mon front, et quand j'apprenais avec fièvre une chose nouvelle, ce n'était pas pour savoir encore plus ; on le croyait ; mais, je puis te le dire maintenant, c'était pour échapper aux autres idées qui me torturaient et qui fussent devenues des idées fixes. Et j'entassais, j'entassais, j'entassais toujours dans mon cerveau, pour ne pas devenir tout à fait fou. Mon Dieu ! vous savez que j'ai bien souffert, ayez pitié de moi !

Il s'arrêta, puis il dit d'une voix à peine perceptible :

— Récite les sept psaumes de la pénitence.

Charles prit un petit livre de prières, le premier qu'il trouva sous sa main. Mais le vieux bibliophile fit un énergique signe de tête et désigna d'un doigt tremblant un bel in-quarto richement relié qui était posé sur un pupitre.

Charles revint s'agenouiller au pied du lit, et commença de sa voix douce, entrecoupée par les sanglots, la lecture des magnifiques odes. Le vieillard murmurait les réponses.

Quand on arriva au *De profundis*, il se releva légèrement, et quand il entendit les premiers mots du quatrième verset : « *Quia* APUD *te propitiatio est*, » il jeta un grand cri :

— *Apud te*, dit-il d'une voix vibrante, *apud*, *dans*, la miséricorde est en Dieu, non auprès de Dieu. Ah ! je croyais tout savoir, et je ne savais pas le latin de la basse latinité, *apud*, *dans*. Dites à Jean Lerond que je lui pardonne. Mon Dieu, mon Dieu, ayez pitié de moi.

Il retomba et rendit l'âme.

VI

DU TESTAMENT DU BON ABBÉ.

Je viens de recevoir une lettre du notaire de M. d'Escault. On m'écrit qu'il est question de moi dans son testament.

« *Item, Carolo Ricaldo, puero magnæ spei,* enfant de grande espérance (le bon homme croyait que je gardais éternellement vingt ans, et il serait mort dix ans plus tôt s'il avait su que je suis non un latiniste, un grécisant, un classique, mais un *médiéviste,* et que je mets la chanson de Roland sur le même rang que l'Iliade), en qui j'ai noté une passion fervente pour les Grecs et les Romains, un juste mépris pour la littérature monstrueuse apportée en Gaule par les barbares, et un sage dédain pour la poésie bouffonne des romans de chevalerie qui me coûtèrent tant d'argent, j'envoie mon souvenir et ma bénédiction. Je ne l'ai pas oublié, mais je n'ai jamais parlé de lui, parce que je ne pensais à lui qu'en retrouvant dans mes poëtes les mots *mendacium* et *calumniari,* et que ces mots sont rares en latin. Je ne veux pas dire qu'il soit menteur ou calomniateur, au contraire ; mais je crois que ces deux mots m'inquiétaient le jour où je le

vis pour la première fois. Je lui lègue, à cause de
cela (?), mes vingt-quatre éditions de Longin, plus
la grande caisse aux coins de cuivre, soigneusement
fermée et pesant sept cents livres quand elle est
pleine comme elle l'est actuellement. On trouvera
dans une bourse verte qui vient de l'abbé Hurepel
la clef de la caisse et la somme nécessaire pour faire
parvenir la caisse franc de port. »

La caisse est arrivée à sa destination ; elle renferme une masse de cahiers, du poids de six cent
cinquante livres, écrits d'une petite écriture com-
pacte et renfermant tout le commentaire de l'abbé
d'Escault sur Longin.

Le vénérable savant, voulant, dit-il, donner à
Dieu une preuve d'abnégation héroïque, et à moi
une marque, sans exemple jusqu'à ce jour, de sympathie dévouée, me permet, et pour triompher de
ma modestie, me supplie, au nom du respect sacré
qui est dû à la volonté des mourants, de publier
tout ce commentaire *sous mon propre nom.*

J'ai hésité jusqu'ici. Je vous prie de ne pas voir
en moi un impie, un contempteur des choses sa-
crées et des volontés dernières d'un ami mourant.
Mais mon imprimeur affirme que cette publication
dépassera cent volumes in-folio ; mon médecin assure que l'auteur d'un tel ouvrage sera immédiatement promené vers Charenton, et mes confrères

en littérature me poussent de toute leur âme à obéir au même abbé d'Escault.

Je suis étrangement embarrassé. Je demande conseil à tous les savants de France et main-forte à tous les banquiers.

FIN.

TABLE DES MATIÈRES.

512. — ABBEVILLE. — TYP. ET STÉR. GUSTAVE RETAUX.